考古所见唐代生活与艺术

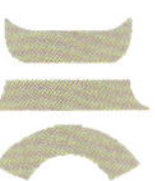

吴中博物馆（吴文化博物馆）编

乐居长安——唐都长安人的生活

展览项目组

总 策 划：余红健　陈曾路

总 统 筹：王　梅　陈小玲

总 协 调：朱歌敏　郭笑微

内容策划：王乐庆

布展撤展：陈斯文　孟海燕　李　阳　李　怡
张　俊　李　飞　杨　菲　曹婧婧
郭笑微　龚依冰　马鸣远　姬美娇
高　超　周泽阳

文物保障：伏海翔　王梓奕　徐　诺
张　杰　陈　佺

编辑委员会

主　　编：陈曾路

执行主编：陈小玲

论文撰写：张学锋　王乐庆　童　岭　徐　畅　刘可维

文物条目撰写：王乐庆　陈斯文　黄　琼　薛玉彤　郭笑微

图　　片：西安博物院　陕西省考古研究院　西北大学博物馆

目　　录

百千家似围棋局 十二街如种菜畦
——长安人的生活空间与生存环境

张学锋　南京大学历史学院

一、引子

唐敬宗宝历二年（826）重阳节前一天的九月初八，苏州刺史白居易接到了罢任通知，被朝廷召回。经过两旬的准备，白居易船发苏州北归，一路游历，返回东都洛阳履道坊的家中，已是次年初春。

就在白居易北归的途中，耽于玩乐的击球少年唐敬宗为宦官刘克明等所杀（827 年 1 月 9 日，死时 18 岁），唐文宗即位，改元太和。太和元年（827）三月十七日，白居易被任命为从三品的秘书监，成为三品以上的高级官僚。由于他本人的官员级别是从四品下的中大夫，只能穿绯衣，配银鱼袋，为使其符合从三品秘书监的职位，朝廷特赐紫衣、金鱼袋，晚年的白居易迎来了仕途的高光时刻。回到长安的白居易，安居在城东延兴门内著名寺院青龙寺所在的新昌坊（图一），标题文字“百千家似围棋局，十二街如种菜畦”，就出自白居易回长安安居新昌坊后的诗作《登观音台望城》。

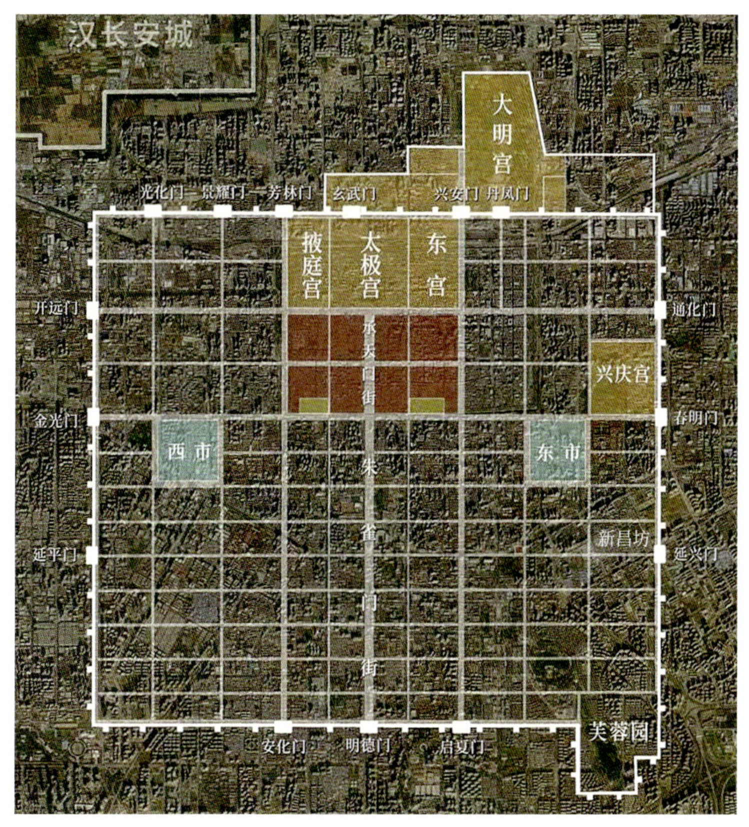

图一　唐长安城平面复原图

《登观音台望城》是一首七言绝句，全诗为：“百千家似围棋局，十二街如种菜畦。遥认微微入朝火，一条星宿五门西。”诗题中的“观音台”就在新昌坊的青龙寺旁，是长安城东南乐游原的余脉，地势较高（图二），因青龙寺原名观音寺，故称“观音台”。白居易的宅邸应该就在观音台附近。

白居易回到长安任秘书监后，必须早起上朝。长安之大，我们下文再说。为了赶赴城北

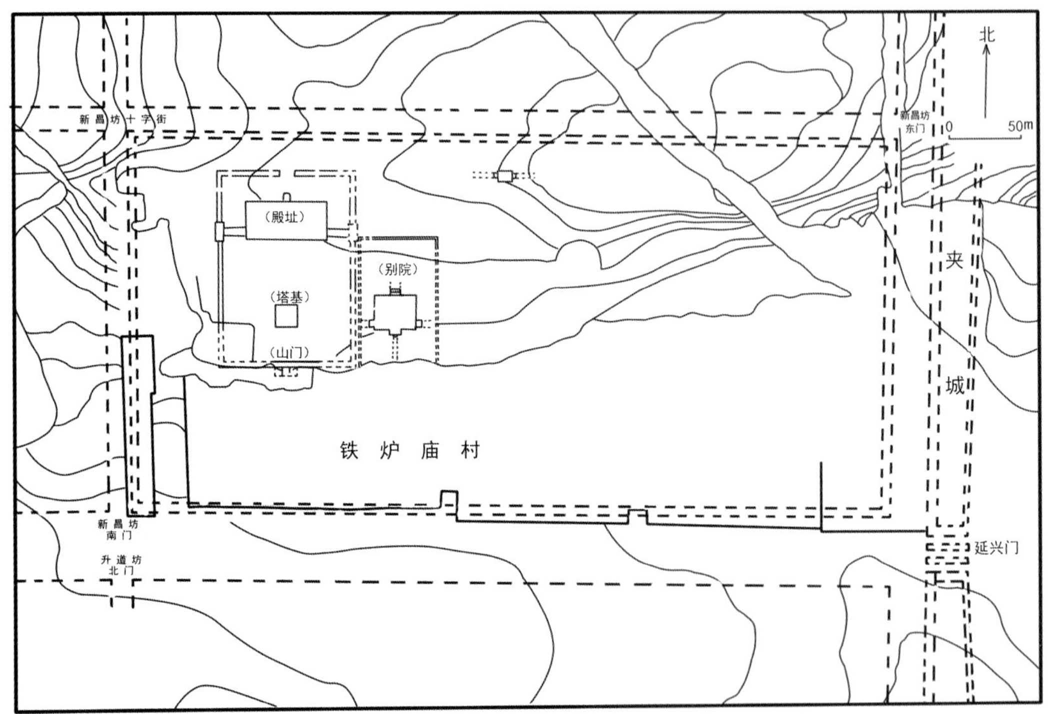

图二　青龙寺、观音台、白居易宅所在的长安新昌坊东南隅，从等高线的分布排列上可以看出有几处地势较高的地点

龙首原上的大明宫上朝（参见图一），高官们鸡鸣前就得整装出发。久被外任的白居易或许太兴奋了，应该是整夜未眠，早早地便与随从整装出门，或许因为时辰尚早，于是登上观音台北望大明宫。诗就是在这个场景下写成的。

这首绝句可以分为前后两句，我们先看后一句。“遥认微微入朝火，一条星宿五门西”，远远看到入朝官员们车马上的灯火，宛如银河星宿一般一直延伸到“五门”的西侧。“五门”指的是大明宫正门丹凤门，考古发掘证明丹凤门确有五个门道（参见图八）。但作为大明宫正门的丹凤门，仪礼的意义远大于实用的功能，平时几乎是不开的，官员们出入宫掖，走的是丹凤门西边的建福门，即诗中所言的“五门西”，进入建福门，往北再穿过光范、昭庆、光顺等门，便可到达常朝的延英殿（参见图七）。因此，“遥认微微入朝火，一条星宿五门西”是完全写实的描述。相比之下，“百千家似围棋局，十二街如种菜畦”的长安城，在没有城市照明、严行宵禁的时代，天色未明之前是看不见的，因此，这一句是观念上的虚写。正因为是观念上的虚写，“百千家似围棋局，十二街如种菜畦”才是长安城平面布局的最大特点，生活在长安的人们，闭着眼睛都能说得出来。

“百千家似围棋局，十二街如种菜畦”，是对大唐长安城最简洁的描述。十二条宽阔的主干道、整齐匀称如棋局的居住空间，是隋唐300年间长安人生活的空间舞台（参见图一）。

二、谋新去故

被称作“长安城遗址”地点的有两处，一处位于今西安市西北的西汉长安城遗址（参见图一），一处是湮没在今西安市街衢之下的隋唐长安城遗址。在萧何始创的未央宫基础上逐渐扩建而成的西汉都城长安，可以称其为“旧长安”。经考古发掘，西汉长安城的平面布局已基本清晰，城内的主要空间被众多的大小宫院所占据，留给一般人生活居住的空间相当有限。西汉和王莽时期的200余年间，这种格局没有太大的变化。25年刘秀建立东汉，都城设在洛阳，但长安作为“西京”，虽然政治地位明显下降，但一直都还维持着都城的名义，以至于东汉末年董卓挟持汉献帝西迁时还有宫室可供起居。

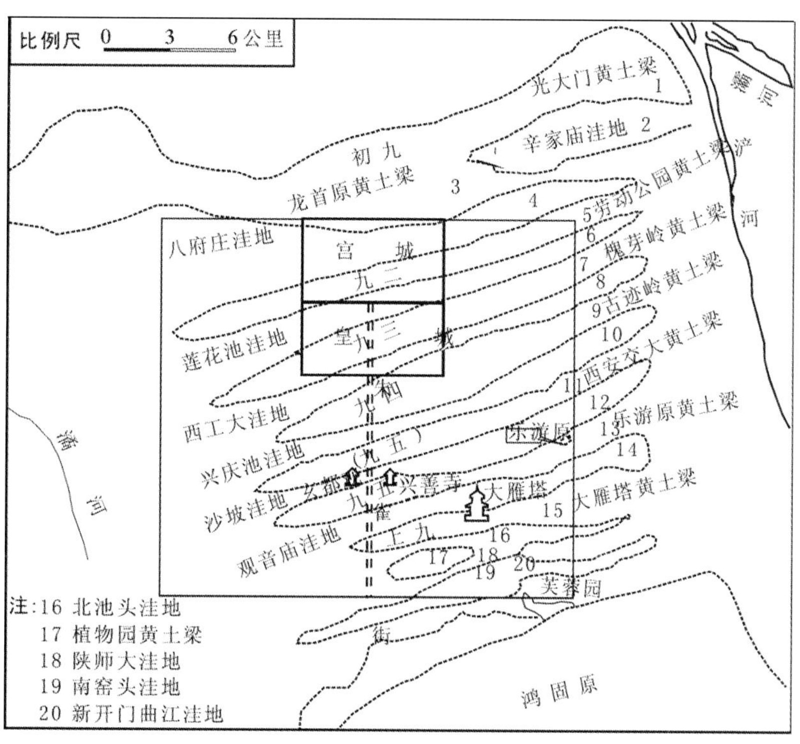

图三 隋唐长安中的六爻地形示意图（李令福绘制）

在长达近400年的魏晋十六国北朝时期，虽有前秦、后秦、大夏、西魏、北周等政权相继定都旧长安，但这一时期“旧长安”的城市格局扑朔迷离，考古资料相当缺乏，其城市格局至今不明。北朝最晚期的北周武帝宇文邕，在建德六年（577）五月的诏令中要求拆毁都城宫室，将砖瓦杂物等分赐贫民，这种几近变态的“亲民”“德政”，对“旧长安”的摧毁是不难想象的。继北周后建立隋朝的隋文帝杨坚，面临的就是这么一座破败的“旧长安”。

隋文帝建国后的次年即开皇二年（582）便与大臣谋建新都。谋建新都的理念依据当然很多，但最根本的一点是现实的逼迫。“旧长安”自西汉初建以来历800年，屡为战场，凋残日久，水皆咸卤，不宜人居，因此，“谋新去故，如农望秋”，最终决定在“旧长安”东南的龙首原上建造一座“新长安”，这就是隋唐长安城（参见图一）。

新建的都城，隋代称“大兴城”，唐代称“长安城”，人们习惯称之为“隋唐长安城”。负责长安城总规划的设计师是著名建筑家、太子左庶子宇文恺。宇文恺对新都的营建经过了周密的调查和精心的设计，汲取了魏晋、北魏洛阳城，东魏北齐邺城等历代都城的优点，建造出了时人眼中最完美的都城。

新都规划范围内，由北往南有几近东西向的六条冈阜，时称“六坡”（图三），宇文恺借用了《周易》乾之六爻的观念，将新都自北至南分成九个区块：九一是都城的最北界，九一与九二之间在北极之下，正中置宫阙作为帝王的居室，以应“建中立极”之说；九二与九三之间置百官衙署，作为君子（百官）的勤务场所；九四与九五之间的空间非常尊贵，常人不宜居处，因此置玄都观和兴善寺以镇之。

“九一”“九二”“九五”这些说法看似很陌生，但去过或知道日本京都、奈良等古都的读者也许会联想到，模仿隋唐长安城建造的平城京（今京都市），其都城空间自北向南被分为“九条”，今天有著名的景点二条城，最繁华的街区是三条、四条，京都车站北出口是七条，南出口是八条；高僧鉴真到达日本后，孝谦天皇赐给他建立“唐招提寺”的地块就在平城京（今奈良市）的五条，宇文恺都城设计思想的痕迹还保留得非常浓厚。

然而，《周易》乾之六爻的思想，虽然在城市功能区规划的说明上体现得似乎很到位，但是，这种都城设计的理念并不是隋唐长安城的初创，而是对魏晋以来历代都城建设的继承。

西汉长安城的内部空间几乎被不同功能的宫苑所占据，东汉洛阳城的宫苑数量虽然没有长安那么多，但至少也有南宫、北宫、永安宫等数处（图四，上）。我们可以把这类都城称为“多宫制”都城。但是，从曹操被封为魏王，在今河北省临漳县建设魏国王都邺城（又称“邺北城”）时，都城的平面形制及空间布局发生了重要改变，这种改变可以归纳为以下几点：

（一）在都城整体规划中，确立贯穿都城正门与宫城正门之间的南北轴线及贯穿都城东西城门之间的东西轴线，两条轴线在宫城正门前形成“T”字形交汇，形成都城最核心的功能空间。以贯穿其他各城门的纵横街道为辅线，与“T”字形轴线共同构成都城的主干道。在这样的道路网格中有意识地规划建设宫殿、衙署、礼制建筑、住宅区等不同的功能空间，呈现出对称、规整的分布。

（二）原本功能各异且分散的多个宫院，被集中到南北中轴线北端的宫城之中，形成了“单一宫城”制。虽然宫城内部依然按功能分区，但宫城只有一处。宫城正门、主殿太极殿在都城南北轴线上。

（三）为便于行政的有效实施，政府主要衙署及礼制建筑均集中在宫城之南的南北中轴线（御道）两侧，突出南北中轴线在都城空间中的地位。

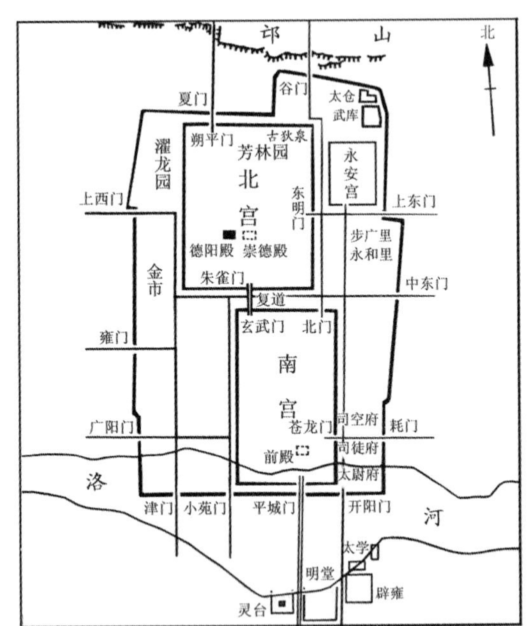

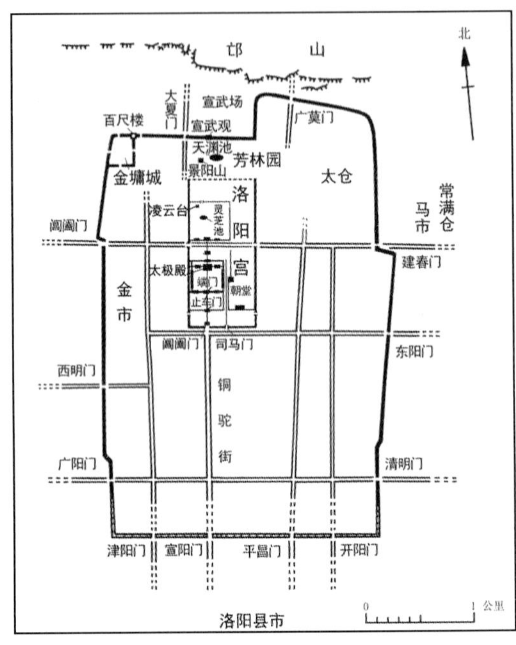

图四 东汉洛阳城（上）与魏晋洛阳城（下）的比较

（四）为加强宫城的防卫，宫城北部或宫城之北设立禁苑，不允许居民居住。

（五）居民的居住空间按统一的区划安排在宫城之外的郭城之内。

曹操魏王都邺城的规制，影响到了曹魏西晋都城洛阳（图四，下）、北魏都城洛阳、东魏北齐都城邺城（又称“邺南城”）以及远在江南的东晋、南朝都城建康（今南京市）。概言之，魏晋南北朝时期都城规划的最主要特征表现在：中轴线对称、单一宫城制、宫城位于南北轴线北端、城市功能的严格区分。这是中国都城规划史上划时代的一次转折。宇文恺规划设计的“新长安”，实际上是对魏晋南北朝都城建设理念的继承和发展。

如果说宇文恺的都城规划有什么创新的话，那就是在宫城之南再筑一座城，称“皇城”，将原本分列于御道两侧的百官衙署集中到皇城中来（参见图一）。另一个改善就是在认为不怎么尊贵的九三与九四之间设置东西对称的市场，东曰“都会市”（唐称“东市”），西曰“利人市”（唐称“西市”）。东、西二市紧邻长安城东西干道春明门大街和金光门大街，这样的设置一改魏晋洛阳城以来的传统，大大便利了东西商贸的往来。而东西连贯的春明门大街和金光门大街，正与今天我们熟知的“丝绸之路”即欧亚大陆东西交通干线重叠(参见图一)。

与此前的都城相比，“新长安”在布局上，正如白居易笔下“百千家似围棋局，十二街如种菜畦”那样，左右对称，形制规整，且规模上远超前代，将中国中世纪的都城规制推向了顶峰。

三、长安之大

宇文恺设计的“新长安”，是一座东西略长的近方形城池。据历史文献记载，东西广十八里一百一十五步，南北长十五里一百七十五步，城周六十七里。经考古调查，实测东西长 9721 米，南北长 8651.7 米，周长 36.7 公里，面积超过 84 平方公里（不含禁苑及后来新建的大明宫）。文献的记载与实测数据误差不大。

明代在元大都基础上修筑的北京城，实测东西长 6650 米，南北宽 5350 米，周长约 24 公里。明代南京内城，即通常所说的明代南京城，通常被认为是中国历史上规模最大的都城，沿山势盘桓，周长 35.267 公里。相比之下，隋唐长安城的规模超过了明南京城、北京城。高大坚固的西安明城墙是在隋唐长安城皇城和部分宫城、里坊的基础上修建的，但面积仅占隋唐长安城的八分之一。从这些数据中不难想象长安之大了。

规模如此巨大的城池，并非一朝一夕就能建成。据文献记载，隋文帝下达营建新都的诏书是开皇二年六月丙申（582 年 7 月 30 日）；次年即开皇三年正月初一庚子日（583 年 1 月 29 日），因不日将迁新都而大赦天下；正月十七日丙辰（583 年 2 月 14 日），隋文帝穿常服冒雨迁往新都。从下诏建都到迁入新都，其间仅 7 个月。不难想象，迁都之时的“新长安”还是一片建筑工地，主要的宫殿或已完工并可部分入住，至关重要的宫城墙也许已经夯筑完毕，但都城的其他功能设施及官员府邸、百姓居宅、商业市场等远未达到能够正常运作的状态。集中百官衙署的皇城也许正在建设之中，而最外围的外郭城（又称“罗城”“罗郭”）恐怕尚无暇顾及。一直到唐朝建国后近 40 年的唐高宗永徽五年（654）三月仍“以工部尚书阎立德领丁夫四万筑长安罗郭”，同年十一月又一次“筑京师罗郭，和雇京兆百姓四万一千人，板筑三十日而罢，九门各施观”。一年之中动员八万多民工的筑城工程，不会是小修小补，应该是从无到有的建设。尤其是在这一年冬天的工程结束时，九座城门之上均建成了高大的城楼，说明长安城的外郭城墙基本修建完毕。正像英语谚语“罗马不是一天建成的”（Rome was not built in a day）那样，长安也不是一天建成的，前后至少经历了半个多世纪，才呈现出我们今天从图片上看到的这般模样。

上文出现的“九门”即九座城门，这与长安外郭城墙上城门的数量是一致的。东墙三门，自北往南分别为通化门、清明门、延兴门；南墙三门，由东往西分别为启夏门、明德门、安化门；西墙三门，自南往北分别为延平门、金光门、开远门；北墙三门，分别为芳林门、玄武门、兴安门。城门的名称也很有讲究。东墙上的通化门，意为通向文化之地的中原地区；东方代表春天，五行中属木，青色，因此东墙上最重要的城门叫春明门，民间又称“青门”；东墙上的延兴门，当然是接纳兴旺的意思；南方代表夏天，五行中属火，因此东侧的启夏门则是介于春夏之间并开启夏天的意思；明德门是整座长安城的正门，隋代称太阳门，用的正是五行思想，唐朝改名明德门，表达了国家的立国理念；西墙上的延平门，意为接纳和平，消弭战乱；西方代表秋天，五行中属金，白色，因此西墙上最重要的城门叫金光门；西墙上的开远门，顾名思义就是开通远方的意思，而西方正是通过丝绸之路通向遥远的中亚、西亚甚至欧洲的起点；北方属水，黑色，故北墙中门曰玄武门；北墙之外是禁苑（传统称“芳林苑”），故开芳林门。长安外郭城上的“九门”，除南墙正门明德门设计成五门道外，其他均为三门道。这样的设计，与先秦时期理想“王城”建设中的“旁三门”，每个城门设三个门道即“九经九纬”的理念基本一致。因北墙外属禁苑，后来又兴建了大明宫，为便于通行，又先后开了安礼、至德、建福等门，这些门都不在当初的规划之中。

四、“六街尘”与“幂䍦”

长安之大，不仅表现在占地面积上，还表现在街道的宽度上。白居易诗中所言“十二街如种菜畦”的“十二街”及孟郊《长安道》诗中的“长安十二衢”，指的就是长安城内的12条主干道。其中最主要的是连接东西、南北城门之间的6条大街，时人称其为“六街”。

“六街”中最宽的是长安城的南北轴线朱雀大街，经考古调查及局部发掘，宽度在150~155米之间，与文献所载“百步”契合。除连接延兴门、延平门之间的大街宽55米外，其他4条大街宽度均在100米以上。不通城门的大街宽在35~65米之间，顺外郭城墙的顺城街宽20~25米。今天北京的长安街最宽处约120米，不及长安城的朱雀大街。皇城与宫城之间有一条东西向的横街，据文献记载宽三百步，理应在450米左右，经钻探测出的残宽在220米以上。今北京天安门广场南北总长880米，天安门与人民英雄纪念碑之间宽约463米，与长安宫城与皇城之间的横街基本相当。因此，这条横街已经不是一般意义上的街道，而是宫城正门承天门前的宫廷广场，是举行各种国家礼仪的场所。

主干道两侧均开有水沟，用于城市的供排水。通过对朱雀门南200余米处朱雀大街侧沟的发掘，可知侧沟呈上宽下窄的梯形，上宽3.3米，底宽2.34米，深约1.7米。其他干道及非主干道两侧也均开有侧沟，形制应该与朱雀大街两侧的相似。当时人们又把这些侧沟称作“御沟”“杨沟”“羊沟”。后唐马缟的《中华古今注》中说：“长安御沟谓之杨沟，植高杨于其上也。一曰‘羊沟’，谓羊喜抵触垣墙。故为沟以隔之，故曰‘羊沟’，亦曰御沟。引终南山水从宫内过，所谓御沟。”各种说法不乏穿凿附会之处，为防止羊群用角抵触墙垣一说尤不可信。由于御沟的主要功能是供排水，因此即使是在相对干旱的长安，御沟两侧的植被还是比较茂盛的，诗人王勃在《临高台》诗中即咏道“俯瞰长安道，萋萋御沟草”。但是，包括“六街”在内的长安大小街衢绝非林荫遮日、芳草萋萋。

“六街”是长安城中最繁忙的交通要道，唐诗中歌咏“六街”的诗句很多。元稹《酬白太傅》诗所言“三径池塘静，六街车马忙”，韦庄《长安春》诗所言“长安二月多香尘，六街车马声辚辚”都是描写“六街”车马阻道的著名诗句。此外，正像韦庄诗句中见到的“尘”字那样，唐诗中出现“六街尘”的诗句也不少。如刘驾《春台》诗中所言“六街尘满衣，鼓绝方还家”，姚合《同诸公会太府韩卿宅》诗中所言“六街鼓绝尘埃息，四座筵开语笑同”。“六街尘”可以是文学意义上的，如韦庄诗中因香花、美人而演绎出来的“香尘”，但是，长安大街上时常尘土飞扬却是一个不争的事实。因为长安的大小街道上都没有硬质铺装，全是黄土，长安人必须面对晴时满街尘、雨天满地泥

图五-1 唐太宗燕妃墓捧幂䍦侍女壁画

图五-2 吐鲁番阿斯塔纳唐墓出土树下人物屏风画（约740年）中的幂䍦形象

图六 帷帽与风帽形象

的生存环境。

这样的环境，我们不仅可以从杜甫《狂歌行 赠四兄》诗中所言“长安秋雨十日泥，我曹鞴马听晨鸡”中获得长安雨后满城泥泞的实感，而且考古发掘中路面下因数百年的踩踏形成的千层饼似的厚厚的路土以及车轮深陷泥淖后留下的深深的车辙亦可证明。因为飞尘的日子太多，长安人尤其是女性出门时习惯性使用长短幂䍦、风帽、帷帽等遮蔽颜面以挡风沙。唐墓壁画及随葬的陶俑中，这类形象屡见不鲜（图五、图六）。当然，长短幂䍦、席帽、帷帽等服饰或许受到一时女则规范的要求甚至还包含一些时尚因素在内，但试想如果是风清日丽、绿水荡漾，又何苦穿戴上这些累赘的装束！

从“六街尘”“幂䍦”等词汇中，我们能够感受到长安人或者广大的西北人的生存环境并不是很理想。宫阙禁苑自然是“太液芙蓉未央柳”，衙署、寺观、甲第自然也是朱漆灿烂，但满街尘土轻扬，加之宫城、皇城、外郭城及城内的坊墙均用黄土夯筑，仅在城门、坊门上略施色彩，因此，如果站在终南山上远眺长安，长安就是一座黄色基调的巨大的中世纪城堡。

五、帝家宫阙

隋唐长安城是中国“单一宫城制”都城的顶峰。宇文恺在设计这座都城时，继承了曹魏邺城、魏晋北魏洛阳城、东魏北齐邺城的传统，将供帝王居处的宫城置于中轴线的最北端，再北就是外人禁入的禁苑，很好地保护了帝家的安全。

唐代宫城中，以太极殿为核心的太极宫居中，东侧是太子东宫，西侧是供侍奉皇家日常起居人员居住及储藏粮食物资的掖庭宫、太仓。这样的格局到高宗武则天时期发生了变化。

“玄武门之变”后，高祖李渊立李世民为太子并即位登基，自己退位，成为太上皇。贞观八年（634），唐太宗在长安城外东北的龙首原高地上为太上皇修建永安宫避暑，次年改为大明宫，但因李渊不久病逝而停建。唐高宗即位后不久，武则天控制了朝政，龙朔二年(662)，重启大明宫的修建工程，次年即迁此听政，从此大明宫成为唐朝的中枢。当时皇帝所在的宫城又称作“内”或“大内”，由于大明宫在太极宫的东北方向，因此称“东内”。相较于“东内”，旧宫太极宫则称“西内”。“东内”建成后，“西内”渐渐冷落，沦为举办皇帝皇后丧礼的场所。

据实测和发掘，大明宫西墙为直线，长 2256 米；北墙长 1135 米；东墙往东南倾斜，然后东折再南折，总长 2614 米；南墙与长安城外郭北墙共用，长 1674 米；周长 7679 米，规模略小于太极宫（图七）。

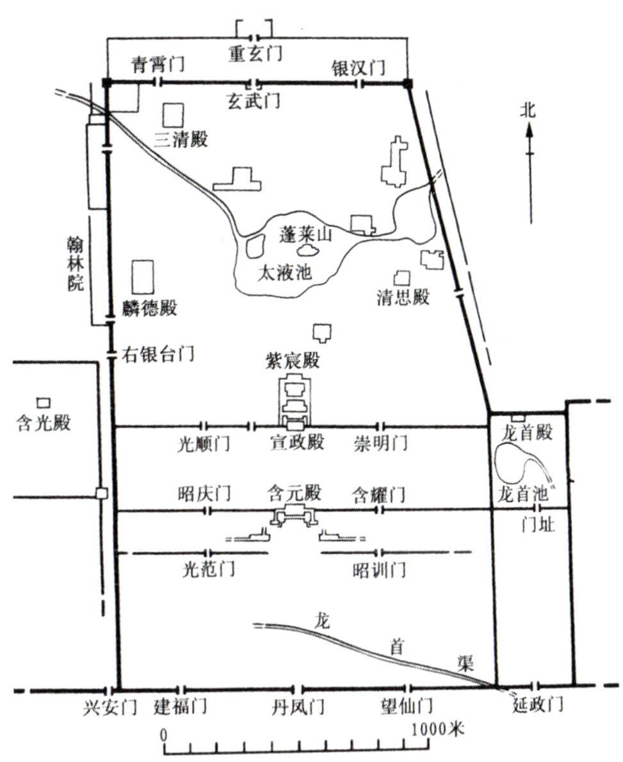

图七 大明宫平面及主要遗址分布图

大明宫正门为丹凤门，就是前引白居易《登观音台望城》诗中出现的“五门”。长安城外郭墙上的九座城门，唯正门明德门为五门道，这是迄今所知中国历代都城中规模最大、门道最多的城门，可以说是象征大唐的国门。作为新建宫城大明宫正门的丹凤门，经考古发掘亦为五门道（图八），其地位与明德门相当，亦可见大明宫在唐朝皇帝尤其是肇始者武则天心目中的意义。

图八 大明宫丹凤门遗址发掘现场（上）及建筑复原（下）

大明宫的南半部是宫殿区，北半部是以太液池为中心的禁苑区。南部宫殿区主要由含元殿、宣政殿、紫宸殿这三大殿组成。大明宫主殿含元殿，在丹凤门内 610 米，由面阔 11 间的含元殿与东南侧的翔鸾阁、西南侧的栖凤阁组成，殿、阁之间有曲尺形的廊道相连。由于含元殿建在龙首原南沿上，高出平地 15.6 米，因此用于登殿

图九 -1 无龙尾道的含元殿复原图

图九 -2 带龙尾道的含元殿复原图

的龙尾道长达 70 余米。龙尾道由三条平行的斜坡台阶道组成，中间一条宽 25.5 米，两侧的坡道各宽 4.5 米。后期可能因改造不再使用龙尾道，而是从翔鸾阁和栖凤阁侧旁的台阶登殿（图九）。

大明宫遗址经长年的考古发掘，其平面布局与主要宫殿、苑池遗址非常清晰，通过各种保护手段，今已建成大型的考古遗址公园，其中“三大殿”之一的紫宸殿遗址的保护及展示方式尤其独到（图十）。

除“西内”“东内”外，还有“南内”。因安史之乱而避难四川的唐玄宗回到长安后，

图十 原址上用现代材料勾勒的紫宸殿梁架斗拱结构

因皇位已被儿子肃宗抢去，无法在大明宫中占有一席之地，只能顶着个太上皇的名义蛰居在旧宫之中。白居易《长恨歌》所咏“西宫南内多秋草，落叶满阶红不扫”，“西宫”指的是太极宫，“南内”指的是唐玄宗时期的主要朝会之所兴庆宫。

进了长安城东门春明门，大街北侧第一坊原来叫兴庆坊，其隔路的西南就是东市，这里是全国各地尤其是东部地区的进京者踏入长安的第一站，是人员往来最为繁盛之地。玄宗李隆基即位前的藩邸就在兴庆坊。开元十四年（714），玄宗对兴庆坊中的旧邸进行改建扩容，并置朝堂，称兴庆宫。两年后，兴庆宫竣工，玄宗即从大明宫移到兴庆宫听政，兴庆宫成为唐朝又一朝会之所。兴庆宫中有一道东西向的隔墙，把宫城分为南北两个区域，北为宫殿区，南为园林区。南部的园林区就是今天西安的兴庆公园。

唐玄宗在位的开元、天宝年间，是所谓的“开天盛世”，而兴庆宫就是这个“盛世”最奢华的舞台。李白赞美杨贵妃的《清平调》“云想衣裳花想容，春风拂槛露华浓”就作于兴庆宫内的沉香亭侧；如张说《十五日夜御前口号踏歌词二首》所咏“花萼楼前雨露新，长安城里太平人。龙衔火树千重焰，鸡踏莲花万岁春”那样，每年正月十五燃灯节最热闹的舞台，也在兴庆宫西南角花萼楼南的春明门大街上。

六、长安一百零八坊

唐代长安城里住了多少人，一直没有一个准确可信的数据。虽然唐诗中经常出现“长安千门复万户”（王维诗）、“长安城中百万家”（岑参诗）、“城中百万家”（元稹诗）、“长安百万家”（韩愈诗）等描述，但作为文学作品的诗歌，很难视为可信的数据。韩愈在 803

图十一 经考古调查发掘后复原的崇化坊（西市西南）坊墙遗址

年上给唐德宗的《论今年权停选举状》中曾说“今京师之人，不啻百万”，因为这是上给皇帝的奏章，数据应该接近事实。唐朝近三百年间，各个时期的人口当然不一样，但我们可将一百万左右这个数据视为长安最盛时的人口。

居住在长安的人们，除生活在宫阙里的帝后嫔妃和部分王子公主及其侍从人员外，大部分人都生活在宫城、皇城之外的外郭城里坊内。长安城内的南北 11 条街和东西 14 条街，纵横交错把外郭城划分为 110 个独立的空间，这个空间隋代称“里”，唐代称“坊”，通常合称“里坊”。110 坊中，城东南的芙蓉园占去二坊之地，实为 108 坊。宇文恺当初设计都城时，南北设置十三列坊，象征一年有闰；皇城以南朱雀大街左右的东西四列坊，象征四季；南北九列坊，象征“王城九逵”，呼应《周易》乾之六爻中的九条（参见图一）。

里坊的总面积占长安城的八分之七，是“长安千门复万户”的生活舞台。各坊的面积依所处位置分为三类：皇城之南朱雀街两侧的东西四列坊面积最小，实测南北长 500~590 米，东西宽 550~700 米；上述四列坊东西两侧至顺城街的六列坊居中，南北也是 500~590 米，东西宽则达 1020~1125 米；宫城、皇城两侧的六列坊面积最大，南北长 660~838 米，东西宽 1020~1125 米（参见图一）。

里坊的周围都有黄土夯筑的坊墙，宽度在 2.5~3 米左右（图十一）。皇城南朱雀大街左右的东西四列坊正对皇城和宫城，“不欲开北街泄气以冲城阙”，因此只开东西二门，两门之间形成东西横街。横街南北各有南北向道路两条、东西向道路一条，将整个里坊分为十二个小区域。其他里坊均开东西南北四门，东西门之间的大街与南北门之间的大街在里坊的正中形成垂直交错的大十字街，把里坊分成四个区域；每个区域又有小十字街，大小十字街将整个里坊分割成十六个小区域；每个小区域中又有巷、曲等小路供人们穿行往来。东、西二市各占两坊之地，面积更大，因此市内的主干道设置成“井”字形，将市场空间分为 9 个区域。各区域内部亦有巷曲供人们往来。沿街设店，店后则是作坊、仓储等空间。

里坊实行严格的管理制度。坊门、坊角均有人值巡。天明击鼓开启坊门，日暮击鼓关闭坊门，一年之中除正月十五燃灯节前后的3天能通宵达旦外，其他的357个夜晚均实行宵禁制度，严禁居民在坊外活动。《新唐书·百官志》在记载“左右街使”这个职位时说，长安城以朱雀大街为界分为左右即东西两个县，街东为万年县，街西为长安县，长安城的宵禁及城市秩序的维持就由左、右街使来负责。所有的城门、坊角都设有被称作“武候”或“铺”的哨所。主要城门的哨所当值军人一百人，次要城门二十人，里坊附近的哨所大的三十人，小的五人。日暮时分各处击鼓八百次后关闭城门、坊门，入夜则骑马巡察街道，防止奸贼。凌晨五更二点，鼓声自宫中传出，各街哨所闻而击鼓三千次，据天色而停，开启坊门、市门，民众得以离坊外出。除历史文献记载之外，唐诗中也留下了不少暮鼓前匆忙赶路的描写，如前引刘驾《春台》“六街尘满衣，鼓绝方还家”，姚合《同诸公会太府韩卿宅》“六街鼓绝尘埃息，四座筵开语笑同”，还有许玫《题雁塔》“暂放尘心游物外，六街钟鼓又催还”，佚名《秋夜吟》“六街鼓歇行人绝，九衢茫茫空有月”等等，都点出了日暮时分长安城关城闭坊的事实与行人的无奈。

长安城里坊的管理制度，体现出了非常不人性的一面。白天购物消费只能在东、西二市中进行，傍晚时分必须回到自己居住的坊内，否则就是违法。《唐律》规定，宵禁后无故外出称“犯夜”或“侵夜”“侵黑”，犯夜者“笞二十”，即打二十下板子。当值人员如果失职未觉，笞三十；如果有盗贼经过而未觉察，笞五十；如果觉而未办，那就得追究主管的责任。李廓《长安少年行》中描写“金紫少年郎”在曲江池痛饮后，“几度归侵黑，金吾送到家”，一而再再而三地违反宵禁（侵黑），但“金紫少年郎”都是长安三品以上高官家弟子，“侵黑”后还有专门负责巡夜捉奸的“金吾”送回家中（因为他们回家不需要经过坊门，下文详述）。夜深人静时分，一帮人在大街上喝得醉醺醺的大呼小喊这样的情景，在唐代的长安城中几乎是不可能发生的，如果发生了，就必须按律令处罚。如果老友同僚晚上想聚一下，那么只能像姚合《同诸公会太府韩卿宅》诗中写的那样，“六街鼓绝尘埃息”了，大家集中到太府卿韩某家中“四座筵开语笑同”，并在韩府留宿，否则又是违法。因此，今天我们在想象唐朝的盛况时，必须认识到那个时代的另一面：那是一个戒严的时代，是一个封闭的时代。在想象“乐居长安”时，也必须意识到人们的“不乐”之处。

有意识规划里坊，始于曹魏邺城，后为北魏洛阳城、东魏北齐邺南城所继承。然而，曹魏邺城是否有隋唐长安城那样的封闭式里坊及严格的管理制度，目前的资料尚无法回答这个问题。最早透露出来的封闭式里坊的信息，是《南齐书·魏虏传》所载北魏前期都城平城（今山西大同），“悉筑为坊，坊开巷。坊大者容四五百家，小者六七十家。每南[闭]坊搜检，以备奸巧”。虽然平城的里坊没有隋唐长安城这般整齐划一，但却是典型意义上的里坊，其目的在于“闭坊搜检，以备奸巧”，即出于都城治安的考虑。北魏孝文帝迁都洛阳时，洛阳并无封闭式的里坊，其子宣武帝即位后，模仿平城，在洛阳宫城和内城之外修建了面积巨大的外郭城，全城被划为三百余坊，并逐步修起了坊墙。北魏分裂为东西魏及北齐代魏后，东魏北齐邺城也规划了三百余坊，显然是对北魏洛阳的模仿。但由于东魏北齐国运短促，里坊的整治尤其是坊墙的夯筑或许未能遂行，至今在考古发掘中尚未得以确认。

规整而严格的封闭式里坊，最终以理想的状态出现在了隋唐长安城和东都洛阳城中，这正是两座都城的设计师宇文恺参考历代都城重新规划新都的结果。隋唐时期，西京长安和东都洛阳之外的地方州县，虽有里坊之名，但无封闭式里坊之实，因此可以说，封闭式里坊是都城之制。还有，宋代以后的都城及地方州县，虽然仍有“里坊”之称，但已无“里坊”之实。

都城的大部分空间“悉筑为坊”“以备奸巧”的规划理念，始见于曹魏邺城，首见于北魏平城，一直影响到隋唐两京。这种做法与魏晋开始的社会变革尤其是与动荡时代的徙民政策及身份制密切相关。魏晋南北朝时期的人口迁徙大致可以分为两种类型，一类是作为国家政策的强制性迁徙，另一类是无政府状态下的自由迁徙。国家强权下的迁徙，即便处于混乱之中但仍然能有序进行。这类涵盖多族群的人口迁移的舞台不在乡间而在城市，并且都还是以都城为中心的大城市，在这样的城市中，政治性、军事性的特征占主导地位，都城是政治中心，同时也是最大的军事基地。五胡十六国以来，都城变成五方辐辏之地，对政府来说，仅将都城分为宫城、外城已经无法适应治安管理的需要，因此，在原有的外城之外再加筑外郭城，并在外郭城中按身份、职业划定民众的居住空间，以此加强对都城内部的治安管理和人口控制。以里坊制为特征的中国中世纪都城，因此蒙上了浓厚的封闭色彩，这种特征到隋唐长安城达到极致并趋于消亡。

然而，以控制和管理人口为出发点的中世纪都城又都有大而不当及过于封闭的缺点。即使在有百万人口的长安，盛唐时期，最南部的东西四列坊“率无居人第宅”，或“虽时有居者，烟火不接，耕垦种植，阡陌相连”，完全没有想象中的那种盛唐气象。因此，当权力对人身的束缚趋缓以后，人们在利用中世纪城市的同时，无一例外地对其进行了整改，抛弃了封闭的坊市，城市的空间范围较原先反而缩小，但却朝着更加开放、更加合理的方向发展演变。

七、再度“谋新去故”

2010 年 9 月至 2011 年 2 月，西安市文物保护考古研究院在西安市长安区韦曲街道东兆余村北发掘了一座唐会昌二年（842）的中型壁画墓，据出土墓志，墓主人是“金吾将军、知街事”郭仲文。郭仲文出身显赫，其曾祖父是赫赫有名的郭子仪；祖父是郭暧，祖母是唐代宗的升平公主，祖父母的故事后来被编成剧目《打金枝》，广为流传。其父郭钊为九卿之一的太常卿，是正三品的高官，死后赠太尉（正一品）。郭仲文本人继承了父亲太原郡开国公的爵位（正二品），最初以“门荫”（家庭出身）任京兆府参军，进入了都城长安的政府部门。然后凭家族实力做到了金吾将军、知街事。

“金吾将军、知街事”这个职位，与上一节提到的“左右街使”有着密切的关系。凡是带“使”的职位，在唐朝原有的官僚体系中都是没有的，到了唐睿宗、唐玄宗即盛唐时期，由于国家事务的剧增，旧有的官僚体系难以应对，于是按需设置临时岗位来应付，事了即罢，这就是所谓的“使职”。“左右街使”就出现在唐玄宗开元年间。在很长一段时间内，“街使”之上还设有正四品下的中郎将掌领府事，有从五品下的果毅都尉协助巡探，可见“街使”的地位远在金吾大将军（正三品）、金吾将军（从三品）之下。之后，随着“街使”工作的日益繁剧，原本作为官僚体系之外的“使职”，“街使”自身也经历了从临时岗位到固定除授、从权轻到权重的演变过程。

大约从安史之乱开始，唐宋正史及出土墓志中明确充任“街使”者，据统计共有 70 例，其中绝大多数都带有“金吾”之衔。中晚唐的事例最多，其次是五代，北宋最少，仅见两例，此后再也不见于文献记载。可见，金吾将军甚至金吾大将军充任“街使”是唐宋之间的惯例。“街使”还有“巡街使”之称，又偶称“静街使”“知街事”等。郭仲文墓志首书“金吾将军、知街事”就属于这一类情况。

街使或知街事，如果仅按字面来解释，就是维持都城治安的意思。然而，如果放到长安、洛阳的城市格局与里坊管理制度中去看，就不

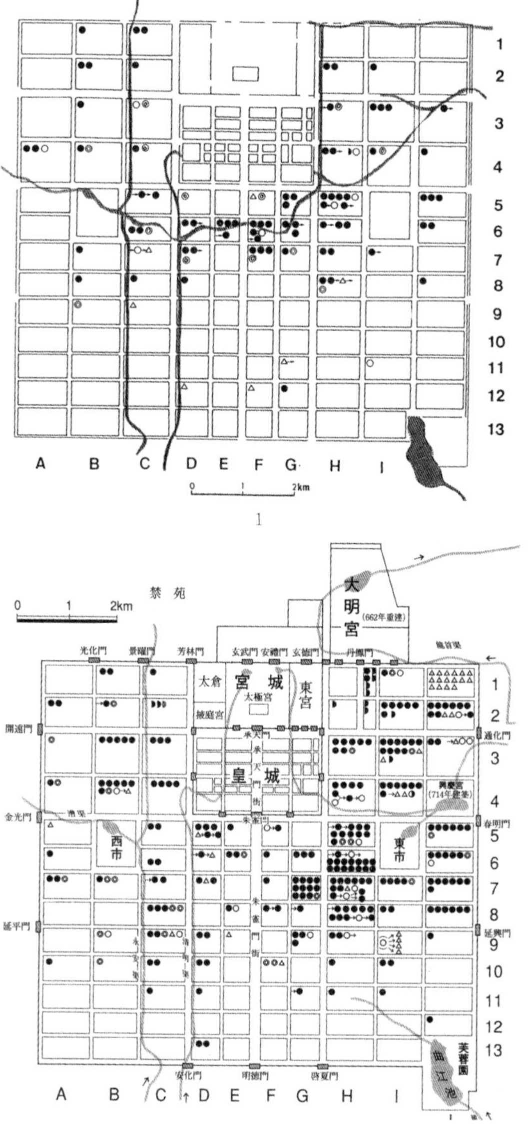

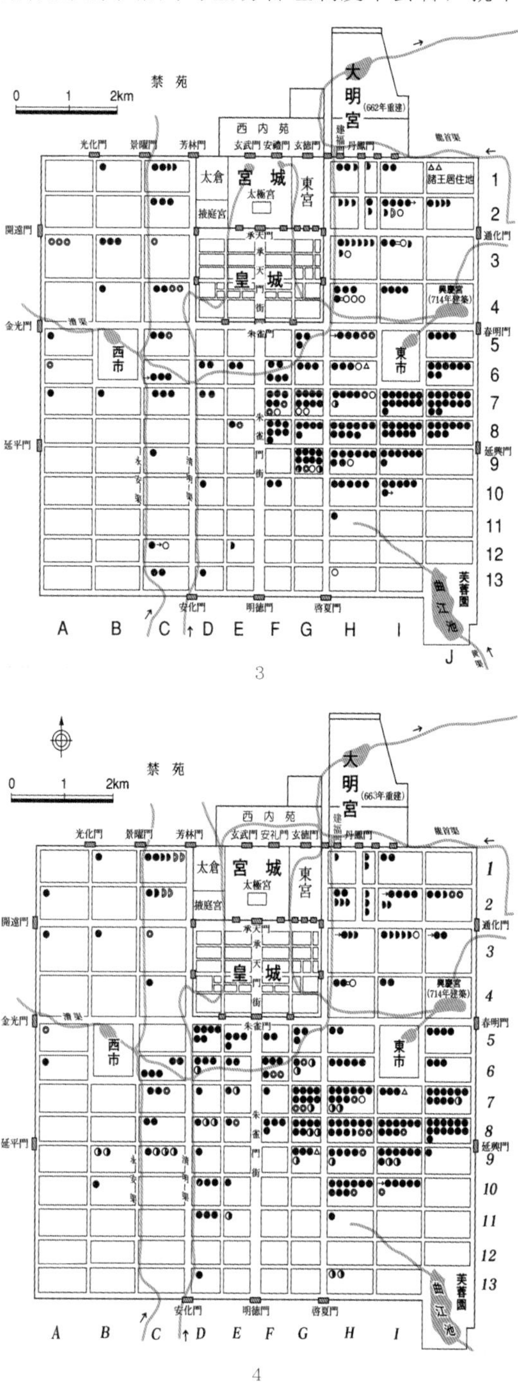

图十二 唐朝不同时期官员邸宅分布图（妹尾达彦绘制）
1. 大明宫建城之前（618~662）
2. 唐玄宗开元天宝年间（713~756）
3. 中唐时期（764~827）
4. 晚唐时期（827~904）

难发现，从它的临时设置到固定授除并常由金吾将军甚至金吾大将军兼任的这个过程，就是唐朝东西二京里坊制度逐渐崩溃的过程。

白居易为应举来到长安，以诗文拜谒当时的名流、著作左郎顾况，顾况以白居易的名字开玩笑说，长安“米价方贵，居亦弗易”。这个故事后来被演绎成成语“居大不易”，比喻居住在大城市，生活不容易维持。

长安的居民虽“千门复万户”，各有各的“不易”，但绝大多数的底层民众，无论是在大小十字街还是在“穷巷”（出入非常不便的里坊四隅），都只是唯求一处居宅而已；社会上层的人数虽然不多，但他们占据的资源却远在百姓之上。“大宅满六街”（刘驾诗）、“长安多大宅，列在街西东”（白居易诗）、“九衢大宅家家入”（王建诗）等唐诗所咏皇室宗亲和达官贵人的“大宅”及佛道等宗教的寺观，他们的需求和变动，才是推动长安城摆脱封闭、走向开放的重要推力。

由于大明宫、兴庆宫的修建并成为此后唐朝的主要朝会之所，高宗武则天以后，长安城的中心逐渐偏向东部，尤其是唐玄宗即位后命皇室宗亲集中居住在太极宫之东、大明宫之南的外郭城东北区域，带动了社会上层的“大宅”也都偏向了长安城的东都。妹尾达彦先生对此曾做过详细的研究并绘制了不同时期长安城官员住宅的分布图（图十二），不同时期官员“大宅”的移动及分布一目了然。

图中所谓的“官员”，包括九品以上官员、官员夫人、亲王、公主、县主、女官、权势宦官及家属、贡举人员，总之都可以归为社会上层人物。图片非常清晰地显示了唐代不同阶段社会上层“大宅”“甲第”的分布情况，很明显在往城东移动。而长安城市中心区域的东移，契机就是大明宫和兴庆宫的修建。

唐代前期里坊的管理非常严格，一般民众与中低级官员按规定只能面向坊内的大小十字街或巷曲开门。但是，从一开始就有例外，这就是三品以上高官及坊内的“三绝”户，允许突破坊墙将大门直接开向坊外大街，背后有权势支持的寺观也可以向大街开门。三品以上的高官，正如白居易在《登观音台望城》诗中描述的那样，天未明就要赶往大明宫上朝，这也许是政府在不影响里坊管理制度而允许破墙开门的背景。所谓“三绝”，是指里坊中左右均为三品以上官员“大宅”的宅地，因三品以上高官宅邸向街开门后出入受到阻挡，若门户开向坊内则无法通行至街外，因此官府也允许“三绝”之地的住户将门户延伸至坊外的街上。

唐代前期，长安城中官员的宅邸分布相对均匀，三品以上高官及部分寺观破墙开门应该是极个别的特例，因此得到了政府的许可。但是，当官员宅邸逐渐集中到长安东半部后，破墙开门就由个别特例逐渐普遍化。上行而下效，政府部门的管理稍有松懈，中下层官员及广大民众的效仿行为也日益增多。尤其是安史之乱后随着政府控制力的逐渐降低，在城内坊市侵街、打墙、造舍甚至在六街两侧耕垦种植的现象越发明显，到白居易生活的中唐时期，这种现象已经极为普遍。晨鼓尚未敲响，坊门已经大开；暮鼓已尽，深夜尚未闭门。“因循既久，约勒甚难”，致使“街司巡检，人力难周”。原本止于街头巡防的“街使”，权重不断加大，以至于让专门负责都城治安的高官金吾大将军、金吾将军兼任街使，其职责重点也从一般意义上的治安维持转向了打击突破坊墙、接檐造舍、耕垦六街等违法行为。就在白居易写《登观音台望城》诗后四年的太和五年（831），“侵街”现象更加普遍，接到左右街巡使侵街事件日益严重的奏报后，唐文宗诏令“向街门户，悉令闭塞”，但已无济于事。

也就是在这一时期，郭仲文被任命为“金吾将军、知街事”。郭仲文家的“大宅”在长安长兴坊，位于朱雀大街东第二列、春明门大街南第三列坊，正是官员宅邸最密集的里坊之一（图十二，4）。作为三品以上高官子弟的郭仲文，依靠门荫出仕，走的是一条京城“金紫少年郎”惯常的仕途。王翰《饮马长城窟行》诗中说：“长安少年无远图，一生惟羡执金吾。骐𬳶前殿拜天子，走马为君西击胡。”诗中的“少年”当然不是通常意义上的少年，而是专指高级官宦家庭的子弟。“无远图”，是因为他们个人无需努力就能凭借家族地位（门荫）出仕。作为皇亲国戚，金辔银鞍，“绕街鞍马光”（李廓诗），绣衣纨绔，“重熏异国香”（同前），整日能在长安城转悠的金吾之职是其理想。按规定要兼任“知街事”，就是一个京城城管大队长而已。郭仲文的出现，根本无法阻止城市从封闭走向开放的大势。

到唐末宣宗时期，刘瑑任河南府尹，对东都洛阳城内街衢里坊的夜间活动，采取的态度竟是“不何止夜行，使民自便”。可见，曾经执行最为严厉的宵禁制度再也无法实施下去。东都洛阳如此，西京长安也应如此。虽然宣宗以后经五代到北宋初期，还时不时有金吾将军甚至金吾大将军充当街使的任命，但事实上这一切都是制度和政策上的惰性，几无实际意义。随着唐末战乱中长安城彻底毁灭及 907 年朱温篡唐后迁都汴梁，以长安、洛阳为代表的布局严整、管理严密的坊市制最终消失在历史的长河之中。

隋文帝、宇文恺的“谋新去故”，目的在于建造一座典型的封闭式的中世纪都城，但魏晋以来的中世纪社会发展到唐高宗武则天时，已经趋向末路，社会的发展方向是走出身份制，走向平民社会。唐长安城近 300 年间格局的变化，就是中国城市在这场社会转型过程中的转身，北宋张择端《清明上河图》中展现出来的那种街市风貌、民俗风情，就是这场社会转型的最终结果（图十三）。

如果包括城市格局在内的唐宋之间的变革也算是一次“谋新去故”的话，那么，推动这场变革的主体已不是权力，而是社会。

图十三 张择端《清明上河图》（局部）

参考文献：

[1]《汉代的里制与唐代的坊制》，宫崎市定著，张学锋、马云超等译：《宫崎市定亚洲史论考》中卷，上海古籍出版社，2017 年。
[2] 李令福：《隋唐长安城六爻地形及其对城市建设的影响》，《陕西师范大学学报（哲学社会科学版）》第 39 卷第 4 期，2010 年 7 月。
[3] 砺波护：《隋唐都城财政史论考》，法藏馆，2016 年。
[4] 妹尾达彦著，高兵兵译：《长安的都市规划》，三秦出版社，2012 年。
[5] 妹尾达彦：《隋唐長安と葬地——生前の生活空間と死後の世界》，讲座，韩国忠南大学，2016 年 8 月 26 日。
[6] 妹尾达彦著，高兵兵、郭雪妮、黄海静译：《隋唐长安与东亚比较都城史》，西北大学出版社，2019 年。
[7] 齐东方著：《隋唐考古》，文物出版社，2002 年。
[8] 秦浩编著：《隋唐考古》，南京大学出版社，1992 年。
[9] 冉万里编著：《隋唐考古》，陕西人民出版社，2009 年。
[10] 日野开三郎：《唐の城坊市制とその弛崩》，《日野開三郎東洋史學論集》，三一书房，1995 年。
[11] 魏美强：《论唐宋都城坊市制的崩溃——以街巡使为线索》，南京大学硕士学位论文，2016 年。
[12] 中国社会科学院考古研究所、西安市隋唐长安城遗址保护中心、西安市世界遗产监测管理中心编:《隋唐长安城遗址》，文物出版社，2017 年。

寻觅几件唐代器物造型与图像中的西方元素

王乐庆 西安博物院

西安博物院藏有几件唐代的陶质童俑，造型多样，憨态可掬，它们的用途是什么？院藏的一件唐代鎏金大铜盘，其上所刻飞兽奇雄怪异，它的艺术本源来自哪里？另有同时期的一组鎏金银盒，盒面所錾刻的骑象人究竟表征的是什么寓意，值得探讨。本文通过对几件唐代文物造型与图像的外来因素的再考察，进一步揭示出文物所蕴藏的更深层次的历史内涵，挖掘其元素，提炼其精髓，以文物图形印证文献记载，以小视角、小切口观察古代社会，试图从文明交融互鉴的角度构建一个历史语境和文化传承的脉络，从而更加准确地把握历史的脉动。

图一 唐代裸体童俑

图二 唐代抱小动物坐式童俑

一、唐代童俑与“磨喝乐”崇拜

西安博物院所藏与儿童题材相关的唐代人物俑（造像），按类型可分为三类：一是体育竞技类，如三彩叠置伎俑、杆伎俑等，二是与观音菩萨构成的“送子观音”组合，这两类童俑的具体功能和制造用途目前已比较明确。另有一类童子俑，造型各异，憨态可掬，形态有抱小狗的、抱其他小动物的、裸体站立的、正在沐浴的，还有一件裹于襁褓之中的婴孩俑。

A. 唐代裸体童俑（图一），高 17 厘米，西安市钟楼保管所移交。陶胎上绘白彩，俑裸体直立，颈部戴一项圈，足蹬小皮履，左手下垂，右臂弯曲抬起。其五官及身体四肢刻画细致，表现的是一个天真烂漫的唐代男童形象。

B. 唐代抱小动物坐式童俑（图二），高 15 厘米，西安博物院旧藏。此俑为一光头男童形象，着肚兜盘腿坐于底板上。身体微胖，眯眼微笑，与怀中所抱小动物嬉戏玩耍，憨态可掬，形象地展现出唐代孩童丰富的娱乐生活。

C. 唐代抱狗坐式童俑（图三），高 14.5 厘米，西安博物院旧藏。头戴尖顶风帽，身穿 V 形领半臂，下穿长裤盘腿坐于底板上。此俑为一女孩形象，细眼、小鼻、樱桃口，面容娇嫩而丰润，脸上挂着微笑，双手合抱一小狗置于怀中，形象惹人喜爱。

D. 唐代沐浴童子俑（图四），高 8.6 厘米，1965 年西安市新城区韩森寨唐墓出土。一孩童趴于圆形盆中成蛙式，头部抬起，双手紧扶

图三 唐代抱狗坐式童俑

图四 唐代沐浴童子俑

图五 唐代襁褓俑

盆边，身旁有圆形器物，疑为类似拨浪鼓类的玩具。盆边站一稍大的孩童，屈膝弯腰，双手按于盆中孩童背部，做搓澡动作。

E. 唐代襁褓俑（图五），1988 年西安市新城区韩森寨唐墓出土。头戴虎头帽，颈戴项圈，面庞圆润，全身仅面部裸露在外，其余均裹于襁褓之中，上以三个蝴蝶结样的绑带系裹。对于体弱、皮肤细嫩的婴儿来说，襁褓具有保持体温和保健防病的作用；而对于母亲来说，婴儿裹上襁褓则可以负子劳作，襁褓在人们日常生活中极为普遍，因此也被塑造为艺术题材出现。

这几件陶俑体型不大，制作也非十分精巧，长期以来未能引起研究者的注意，因而对于它们的艺术源流、意蕴内涵，我们其实并不十分清楚。

而检阅宋代这类题材的文物，数量十分之多，研究成果也可谓丰富。这些研究多把该题材与“磨喝乐”崇拜联系起来，如蒋勤俭《从〈太子成道经〉求子情景探究敦煌求子风俗》[1]、郭俊叶《敦煌壁画、文献中的“摩睺罗”与妇女乞子风俗》[2]，以及姚潇鸫《敦煌文献所见“摩睺罗”考述》[3]、郑才旺《娱乐、驱邪与佑子：宋金婴戏图中的傀儡图像及含义探析》[4]等文章都给出了该类题材为婴戏、玩具、化生、升仙等结论，并把“磨喝乐”与中国传统的“七夕乞巧”密切关联起来。翻检这些研究成果，多引用的是宋孟元老《东京梦华录》卷八“七夕”条“皆卖磨喝乐，乃小塑土偶耳。……又小儿须买新荷叶执之，盖效颦磨喝乐”的内容[5]。南宋吴自牧《梦粱录》卷四“七夕”条也有相关记录，“内庭与贵宅皆塑卖磨喝乐，又名摩睺罗孩儿，悉以土木雕塑……市井儿童，手执新荷叶，效摩睺罗之状”，被习常引用[6]。

[1] 蒋勤俭：《从〈太子成道经〉求子情景探究敦煌求子风俗》，《西北民族大学学报（哲学社会科学版）》2016 年第 5 期。
[2] 郭俊叶：《敦煌壁画、文献中的“摩睺罗”与妇女乞子风俗》，《敦煌研究》2013 年第 6 期。
[3] 姚潇鸫：《敦煌文献所见“摩睺罗”考述》，《敦煌学辑刊》2014 年第 2 期。
[4] 郑才旺：《娱乐、驱邪与佑子：宋金婴戏图中的傀儡图像及含义探析》，《美术大观》2020 年第 9 期。
[5] 孟元老著，伊永文笺注：《东京梦华录笺注》，中华书局，2007 年，第 781 页。
[6] 吴自牧著，傅林祥注：《梦粱录》，山东友谊出版社，2001 年，第 41 页。

“磨喝乐”是梵文 Mahoraga 的音译，亦作“磨合罗”或“摩睺罗”。关于其起源，有不同说法，胡适认为是从印度的大黑天演变而来，傅芸子则认为其为“摩㬋罗伽”的略语（一种人身蛇首的神，为天龙八部之一），还有学者认为“磨喝乐”和袄教有关，后随中亚胡商传到中国。而最普遍的说法是，“摩睺罗”乃佛祖之子，在母胎中障蔽六年，终破胎而出。这一神奇的经历对于求子的人们来说有着极大的诱惑力，因此一经传入，“摩㬋罗”即褪去原有面貌，迅速和中国传统的“七夕”联系起来，演化为一种用土、木或蜡等制成的婴孩形名物，供人们求子、乞巧之用。晚唐五代时期，摩睺罗成为寺院盂兰盆会需用的供养具，盛行于敦煌和中原地区。宋代时这种泥孩儿状的名物和美术形象广泛流行开来。

梳理磨喝乐的功用，有乞子、顺生、化生和婴戏等几种。如敦煌莫高窟第 217 窟南壁佛顶尊胜陀罗尼经变画中，有妇女向着高山礼拜，表现的内容即与乞子有关[7]；第 454 窟北壁佛顶尊胜陀罗尼经变中有一人手托一婴偶、另一人双手上举作承接状的画面，表明摩睺罗不仅可用于乞子，还兼有顺生之意[8]；化生与磨喝乐的关联则在于化生童子，其持莲而立的造型纯洁可爱、活泼健康，与中国人多子多福的思想观念相吻合，持莲童子形象直接影响了磨喝乐的形象，使磨喝乐与佛教化生有了密切联系和对应关系。到唐代晚期，婴戏题材滥觞，并在宋代大量出现，其表现形式除了持莲，还有骑鱼、舞乐、嬉戏、游艺等，这些丰富多样的婴戏形象寄托的是古人祈求多子多福的美好愿望。

磨喝乐的表现形式有陶塑、图像与孩儿枕几种。除西安博物院的几件唐代陶塑童俑之外，陕西历史博物馆也有几件类似的藏品，1990 年甘肃省庄浪县洛镇出土的 150 件宋代陶模中也有磨喝乐题材[9]，另 2012 年河南郾城旧城遗址出土的 28 枚宋金时期的陶模中，有一枚宋代的“磨喝乐”卧童陶模范[10]。有关磨喝乐的图像多集中于敦煌莫高窟。“孩儿枕”则是在“磨喝乐”风俗影响下流行起来的一种瓷枕，以孩儿伏卧于榻上、孩儿背做枕面为造型。

根据已有的研究成果，同时对照已被确认为“磨喝乐”的图像资料，可断定西安博物院藏几件唐代陶质童俑为磨喝乐无疑。但令人疑惑的是，同样题材、造型和艺术风格的童俑在陕西历史博物馆也有几件，年代却被标注为宋代。

翻检资料，妇女在七夕乞子风俗最早在唐代就有记载。唐《岁时纪事》云：“七夕，俗以蜡作婴儿形，浮水中以为戏，为妇人宜子之祥，谓之化生。本出西域，谓之摩睺罗。”[11] 莫高窟第 31 窟主窟的佛顶尊胜陀罗尼经变中的乞子生子占相图也为盛唐时期所绘制，说明唐代已有以孩童形象谓之磨喝乐作为“乞子”风俗的现象，不过在宋代更加普及盛行[12]。

出土文物中，这种陶塑童俑看似普通，但却往往是被带回家供拜的对象，被赋予了极为重大的思想内涵。童子状貌的磨喝乐，健康活泼，天资聪颖，其形象和内涵与人们祈求早生

[7] 郭俊叶：《莫高窟第 217 窟佛顶尊胜陀罗尼经变中的看相图及相关问题》，《敦煌学辑刊》2015 年第 4 期。
[8] 郭俊叶：《敦煌壁画、文献中的“摩睺罗”与妇女乞子风俗》，《敦煌研究》2013 年第 6 期。
[9] 魏跃进、魏威：《开封出土唐、宋、金、元时期陶模考》，《开封大学学报》2015 年第 1 期。
[10] 刘晨、李丽莉：《河南漯河出土宋金陶模玩具 古人掌心上的童趣》，《大众考古》2014 年第 8 期。
[11] 陈元靓：《岁时广记・二 》，王云五主编《丛书集成初编》，商务印书馆，1939 年，第 302~303 页。
[12] 郭俊叶：《敦煌壁画、文献中的“摩睺罗”与妇女乞子风俗》，《敦煌研究》2013 年第 6 期。

贵子的期望相吻合，尤其与“一蓬多子、华实齐生”的莲花组合，使该题材具有生命、繁荣、丰饶的审美内涵，故得以盛行多代。直至现在，一些地方仍然保留有这种祈得孩童俑回家供奉的现象。

二、唐代铜盘上的波斯神兽

图六 唐代鎏金铜盘

图七 唐代鎏金铜盘线图

唐鎏金五足铜盘（图六、图七），通体鎏金。台面上錾刻五道纹样，以中心为轴，第一道纹饰刻两只带翼飞兽，凸目巨鼻，宽耳长须，大尾悬空，如狮如虎，奇雄怪异，口中衔绕缠枝绶带，周饰一圈卷草纹；第二道为波曲纹串枝莲；第三道是龟背锦纹；第四道饰大叶串枝莲一周，间有四只鸳鸯，有立于枝叶之上者，有回首展翅欲飞者，有振翼嬉戏者，姿态各异；第五道为盘的口沿，饰一周叶瓣纹。通体以鱼子纹为地。盘面下均匀分布有五个流云形足，云头卷起，每两足之间有荷叶形铺首衔环，其上悬挂绶带纹缨穗，结成复合菱字形。该铜盘出土于西安火车站附近，地处唐代皇家大内大明宫城东宫遗址区域内，推测应为唐代皇家礼佛时的御用品。此铜盘的造型与唐代法门寺地宫出土的一组有明文记载的鎏金银熏炉组合中的炉台造型完全一致，由此推断该铜盘当为盛放熏香用具的炉台，只是随着岁月的流逝，其上的熏炉早已不见了踪影。

这里讨论的焦点则在于铜盘中心的两只飞兽，它的基本特征是龙首、鱼身、鸟翅、凤尾。其形象特征极似波斯史诗《列王纪》中所描述的“思摩夫”（Simurgh）鸟。但经与出土遗存上已被认定的森木鹿（Senmurv）图像比对，这两只飞兽亦具有与森木鹿相同的形象特征。

思摩夫源自Simurgh，是一个古波斯语（婆罗钵语）词汇，在现代的波斯语里，已经很少使用这个词了，但在古代的波斯语诗歌中常常出现。一般所见为背光、颈上系飘带或口中衔绶带珠串的含绶鸟，飞翔于云中或立于树梢。有时也表现为犬首、狮爪（图八、图九）。《列王纪》里多处描绘了有关思摩夫出现的情节，几乎贯穿了始终，其身型巨大，足以将大象或鲸鱼抓起，有着金色的羽毛，外形极像中国的凤凰（图十）。

森木鹿是西方传说中前半身像犬、后半身像鸟的异兽，地位如同中国古代的龙，是帝王权威的象征。有关森木鹿的定义，意大利学者康马泰认为：此神兽在婆罗钵语中被称为“森木鹿”，在祆教《阿维斯塔》经典中被称为“塞伊娜”（Saena），在近代波斯文中被称为“希姆夫”（Simurgh，即上文提到的思摩夫），在萨珊波斯和粟特艺术中常见。森木鹿的尾巴像汉代艺术中的凤凰，有时候也像孔雀尾甚至狐狸尾，口中常衔有一株瑞草，仿佛吐出舌头一般[13]。由此可见，森木鹿与思摩夫为同一类神兽，都是以多种动物元素组合而成的神兽。

图八 萨珊帝国国徽上的思摩夫

图九 绘有波斯神鸟思摩夫的萨珊王朝银碟

据康马泰考证，通常所见的森木鹿形象为犬首、鸟身（翅膀张开）、鹿腿，而真正的森木鹿图像可见于伊斯兰时期的细密画中，且有榜题或题记指明画家所画的确实为森木鹿[14]。康马泰所列举的两张有题记的、可证明为真正森木鹿的图例看起来很像中国的凤凰。而将鎏金铜盘上的飞兽与之比对，具有和森木鹿一样的形象特征。

图十 《列王纪》中的思摩夫鸟插图

唐代器物上所见此类形象也有被定名为“飞廉”的。典型器物如西安何家村窖藏出土的一件银盘，六曲葵花形（图十一），窄平折沿，浅腹，平底，盘心凸起并剔刻出一只鼓翼扬尾、偶蹄双足、牛首独角、鸟身凤尾的动物形象。关于这件银盘上的神兽，有学者曾定名为翼牛，也有学者称其为飞廉。飞廉是中国古代神话传说中的风神，其形象多种多样：有牛首鸟身、鹿首鸟身和马首鸟身等[15]。何家村窖藏中另有一件鎏金线刻飞廉纹银盒（图十二）即为马首鸟身形象，该飞廉形象符合国外学者对森木鹿的定义：是一种多元素结合的神异动物，因此也可列为“森木鹿类的神兽”。也有学

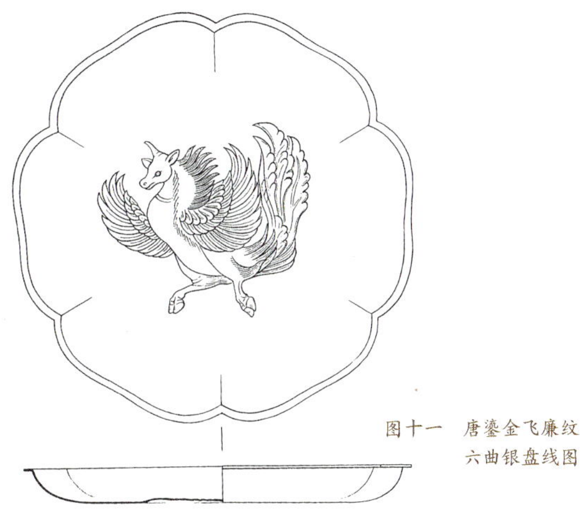

图十一 唐鎏金飞廉纹六曲银盘线图

[13]康马泰著，毛民译：《鲜卑粟特墓葬中的波斯神兽解读》，《内蒙古大学艺术学院学报》2007年第3期。
[14]康马泰著，毛民译：《鲜卑粟特墓葬中的波斯神兽解读》，《内蒙古大学艺术学院学报》2007年第3期。
[15]陕西历史博物馆、北京大学考古文博学院编：《花舞大唐春——何家村遗宝精粹》，文物出版社，2003年，第137页。

图十二　鎏金线刻飞廉纹银盒线图

图十四　唐六臂观音炉顶纯金宝函顶面

者认为：粟特工匠用有翼骆驼取代了森木鹿纹，而唐代工匠用飞廉纹取代了有翼骆驼之类的纹样[16]。本文所指鎏金铜盘上的飞兽和何家村银盘（盒）上的“飞廉”形象最显著的区别是：一个无足、一个有足，且一个形似龙首、一个形似牛首（马首）。

与鎏金铜盘上纹饰更为接近的图像来自法门寺地宫鎏金银方盒（图十三），盒中心绘制有一对龙首（或蛇首）鸟身、凤尾的带翼飞兽，大尾悬空。但因其盒面上遗留有“随真身御前赐”几个毛笔大字，纹饰无法更清晰地展示。

图十三　唐鎏金银方盒

而与这件鎏金银方盒同时同地出土的盛装舍利的八重宝函第六重“六臂观音炉顶纯金宝函”的顶面（图十四），錾刻有同样的纹饰，完整细致，清晰可见，具体表现为龙首（或蛇首）、双翅张开、两爪腾起、大尾悬空，与本文所讨论的鎏金铜盘上的飞兽形象如出一辙。

这种非兽非鸟的有翼生物究竟是古波斯的“思摩夫”，还是被学界研究认定的“森木鹿”？到底是一种偶然的艺术变形，还是外来的流传有序的艺术构图主题？目前因为眼界的局限难以一时搜罗齐全，还有待更详细的考证。尽管目前不能肯定地说它就是伊朗文化圈意义上的“思摩夫”或“森木鹿”，但至少可以明确它是“森木鹿”类型的表现。

就目前的研究而言，森木鹿、思摩夫、风伯飞廉、格里芬、凤凰、不死鸟，以及粟特绘画中代表“fam”（神的荣光）一类的象征物，它们的区别究竟是什么？学界尚未有统一的认定和结论，期待未来获取更多的资料和展开更深入的研究。

三、唐代“都管七个国”鎏金银盒上的“骑象人”图解

[16]陕西历史博物馆、北京大学考古文博学院编：《花舞大唐春——何家村遗宝精粹》，文物出版社，2003年，第127页。

“都管七个国”鎏金银盒由三件不同形状的鎏金银器套装而成，最里层的银盒内装有水晶珠和褐色玛瑙珠三颗，最外层的银盒盒面錾刻有内容丰富的图像七组，其中最中央一组图像的构图模式为：主要人物骑于佩有鞍鞯的大象之上，左手抱一长条形物，右手平伸。象后有一人专门为“骑象人”擎持华盖，显示出其身份的尊贵。象前一人，双手托举一长形盘高至头顶，作虔诚供奉状。“骑象人”两侧均有人物或站立、或盘坐、或奔走，姿态各异（图十五、图十六）。

图十七 蓝田县法池寺舍利函“迎宾图”

出土资料中，与象相关的图像并不少见，有的作为坐骑出现，有的作为百戏娱乐出现，有的作为瑞象出现，还有的出现于象奴驭象的情景中。而此处的骑象人所表征的是何用意？值得揣摩。

图十五 “都管七个国”鎏金银盒

图十六 “都管七个国”鎏金银盒线图

在唐诗中，骑象意象偶尔可见，如贯休《送僧入石霜》“尽骑香白象，皆握月明珠”；李洞《维摩畅林居》有“越讲迎骑象，蕃斋忏射雕”之句，这里的“骑象”表示讲演佛法之事或佛法之迁播，将“骑象”与佛法关联。

无独有偶，蓝田县法池寺舍利函上刻画了与“都管七个国”鎏金银盒上同样模式的图像（图十七），而这件器物用途明确，即供奉舍利。这种语境下的图像隐含了佛教的特殊意涵，更真切地表明了大象与舍利迎奉活动的密切关联。

贵霜艺术中这类图像随处可见，如大英博物馆藏有两件精美的贵霜时期的银盘，1887 年发现于犍陀罗地区的妫水河畔，其上描绘了人物坐于象背上的情境，有学者认为这一艺术主题描绘的很可能就是佛教徒运送佛舍利的故事[17]。

在与汉晋大约同时期的贵霜王朝，大象成

[17] 朱浒：《大象有形　垂鼻辚囷——汉代中外交流视野中的大象图像研究》，《故宫博物院院刊》2016 年第 6 期。

为佛教故事“八王分舍利”的主角，象驮胡人与舍利函（佛塔）的游行，成为佛教的一项重要仪式，至今在斯里兰卡佛牙节上仍可看到百余头大象盛装出行、万人狂欢的情景[18]。

对于“都管七个国”鎏金银盒的用途，已有的研究提出了佛教礼仪用品[19]、唐朝廷制作以赏赐臣下[20]、南诏朝奉品[21]、舍利供养函[22]等多种说法，而盒面“骑象人”图像则更进一步强调了其作为舍利函用途的文化因素，为更准确解读该银盒所蕴藏的深义提供了新的视角。

四、“俳优俑”“说唱俑”的艺术来源

唐代出土百戏俑中被定名为“俳优俑”“说唱俑”的一些文物一直语焉不详、所指不明，同时缺乏相应的考证依据，有待进一步考察其文化内涵。

“俳优俑”是指古代以乐舞谐戏为业的艺人，是唐代社会非常流行的一种艺术形式，一般有单人说唱、双人说唱、配乐说唱等。如藏于西安博物院的一件胡人说唱俑，高目深鼻，神情诙谐，虽手中乐器已佚，但把持乐器的姿态犹存，有着界定其身份的明显标志。另有几组被定名为“说唱俑”的陶俑（图十八、图十九），低头弯腰，不露双手。布展时得以仔细观察，发现该俑腰后高高隆起，似裹着鼓鼓囊囊的“包袱”，它的用途是什么？和相声词汇里的“抖包袱”“耍把戏”是否有着一定的关联？

图十八　唐代说唱陶俑正面

图十九　唐代说唱陶俑背面

陶俑中有一类袒腹胡人俑，有学者研究认为这种艺术造型是表演幻术的一种，是不受场所限制的即席献艺、表演幻术的外来艺人，“袒腹”露出大肚形体，表示不藏不掖，实际上是一种障眼戏法[23]。幻术，类似于今天的魔术，多指通过一定的技术、技巧和道具进行的以假乱真的虚幻表演。唐代幻术大多来自西域，其中相当一部分节目自汉以来相继传入中原，历经迭代而不衰。这类被命名为“说唱俑”的陶

[18] 朱浒：《汉晋“舍利”图像考》，《美术研究》2021 年第 3 期。
[19] 梁晓强：《都管七个国六瓣银盒辩证》，《曲靖师范学院学报》2010 年第 5 期。
[20] 梁晓强：《都管七个国六瓣银盒辩证》，《曲靖师范学院学报》2010 年第 5 期。
[22] 周伟洲：《唐都管七个国六瓣银盒考》，《唐研究》第三卷，北京大学出版社，1997 年，第 411 ~ 425 页。
[22] 冉万里：《古代中韩舍利瘗埋的比较研究——以南北朝至隋唐时期为中心》，《丝绸之路研究集刊》第一辑，2017 年；田中一美：《都管七箇国盒の図像とその用途》，《佛教芸術》第 210 号，1993 年。
[23] 葛承雍：《唐代胡人袒腹俑形象研究》，《中国历史文物》2007 年第 5 期。

俑造型是否和外来的幻术有所联系？其身上所裹类似“包袱”的行头，是否为用来藏匿道具和要把戏用具的包裹布？而最初意义上的“抖包袱”是否和此类说唱俑有着一定的关联？期待新的资料和新的发现来加以佐证和准确定义。

五、“安息射”与回马枪

安息国为丝绸之路的必经之地，在古代与中国有着极为密切的联系，史多有载，如《史记·大宛列传》载，安息使者曾“以大鸟卵及黎轩善眩人献于汉”，“大鸟卵”即鸵鸟蛋，汉代人依其所来之处称为“安息雀”。安息以回马箭而著称，极其擅长一边逃走、一边向后方的敌人射箭，蒙古人将这种战术称为“曼古歹”，古罗马人称为“安息人射箭法”。唐代“安息射”成为一种比较成熟的图式，形成固化模式。

回马枪是中国古代常用战术之一，以回转的力量快速向前刺击，带给追击者以突然袭击，秦朝末年的项羽，三国时期的赵云、张绣、公孙瓒以及隋唐演义中的虚构人物罗成等名将都擅长此招式，常能反败为胜。

“安息射”与回马枪没有必然联系与传承，但却有着异曲同工之妙。在出土器物中，和狩猎题材密切相关的“安息射”类图像频繁出现于金银器、三彩、石椁等遗存中（图二十），而与战争相关的“回马枪”题材却十分鲜见，这说明了人们普遍崇尚美好事物、崇尚和平生活、娱乐心态浓郁，以及狩猎活动在唐代的极度盛行，同时也反映了人们对外来题材的新奇推崇和对外来文化的积极包容与接纳。

图二十 唐代凤首壶上的“安息射”

结 语

图像记录历史、印证历史，每件出土文物的造型与其上刻画的图像都有各自的意蕴与内涵，都有背后隐藏的故事。解读它的艺术源流，还原它的文化本意，挖掘其背后所沉淀的故事，不放过一丝一缕的历史线索，以此构建完整的历史语境和文化传承脉络，从而更加准确地把握历史的脉动。

交流从来都是双向的，唐代的文物造型与图像所涉及的文化因素中既有外来文明，又有中国传统文化；既有民俗的，又有宗教的；既有中原的，又有边陲的，其中西方元素尤为突出。在历史的长河中，万物生灵生生不息往来于丝绸之路的东西两端，多种文明绵延不绝交融于地球的东西两方，中外文化交融互鉴，经过千年的糅合、流变、统一，最终形成了灿烂辉煌的华夏文明，并通过文物这个载体表现出来，传承至今。

本文系国家社科基金重大项目“敦煌中外关系史料的整理与研究”（19ZDA198）成果。

唐代的精神世界

——长安的科举、士人与文学

童岭 南京大学文学院

我们只能理解我们已经知道的东西，而且，我们只对打动了我们的东西发生真正的兴趣。

——艾蒂安·白乐日（ Etienne Balazs）[1]

一、黄金时代——大唐

大唐帝国的魅力，在当时是国际性的，在今天也是国际性的。

英国 BBC 系列纪录片 *The Story of China* 第二集 *Silk Roads and China Ships* 在 2016 年推出，主持人迈克尔·伍德（Michael Wood）在西安街头一边漫步一边感慨说：7 世纪当欧洲还处于黑暗时代（Dark Age）时，“唐代中国已经成为了世界上最强大的国家（Tang Dynasty China became the grestest power on the earth）”。

大唐帝国，连上之前的“流星王朝”——隋，被合称“隋唐世界帝国”的这个时代，是中国史乃至东亚史、世界史上最重要的一个时期。比如，伦敦大英博物馆的中国厅正中央，正是一组华美的洛阳出土镇墓兽、天王俑以及仪仗出行唐三彩，气势磅礴，吸引了大量的海外游客驻足观看。

图一 大英博物馆中国厅藏唐三彩

新冠疫情前的 2019 年夏，我在英国牛津大学开会并作短期访问，夜逛书店时购得 *T'ang China: The Rise of the East in World History*（《唐代中国：世界史中东方的崛起》）一书，作者特别指出到了唐玄宗时代，唐代中国所取得的“多重成就”非常类似于当下的美国[2]。其实，这样毫不吝啬将“黄金时代”冠以唐代中国的

[1] 艾蒂安·白乐日著，黄沫译：《中国的文明与官僚主义》，台北久大文化有限公司，1992 年，第 28 页。
[2] S.A.M.Adshead, *T'ang China: The Rise of the East in World History*, Palgrave Macmillan, 2004. Preface, X.

图二 唐太宗昭陵

西方著作不在少数[3]。那么，在时间轴上对应欧洲黑暗时代的中国黄金时代之中，上至帝王，中括士人，下至庶民，他们悲欢离合的精神世界有什么特色呢？

二、隋唐文官制度的嬗变：从九品中正到科举

玄武门之变后约六个月，大唐帝国的年号由“武德”改为“贞观”。贞观元年（627）正月的国宴上，上演了著名的乐舞《秦王破阵乐》[4]。对此，唐太宗谦逊道：这一曲虽然不是什么古典优雅音乐——“文德之雍容”，但却是大唐创业时期的见证，所以“不敢忘本”。然后大臣封德彝与唐太宗之间，发生了如下的对话：

封德彝曰：“陛下以神武平海内，岂文德之足比。”上曰：“戡乱以武，守成以文，文武之用，各随其时。卿谓文不及武，斯言过矣！”德彝顿首谢。[5]

封德彝是隋室旧臣，但不是魏徵那样的诤臣，这里以贬低“文德”来恭维唐太宗的“神武”，但唐太宗却很明确地指出文武各有其用，并不能简单说“文不及武”。贞观四年（630）大唐帝国方才击溃了宿敌东突厥颉利可汗，成为欧亚世界东部真正的霸主，然而即便如此，唐太宗依旧在“贞观盛世”的第一年就强调了“文”的重要性。

具体来说，在唐廷诸种“文”的制度中，有涉及士大夫与官员的选拔、考核、任用、监

[3] Charles Benn, *China's Golden Age: Everyday Life in the Tang Dynasty*, Oxford University Press, 2004. 又如：美国大都会博物馆（Metropolitan Museum of Art）在 2004 年举办的《走向盛唐》（*China: Dawn of a Golden Age, 200–750 AD*）特展也非常成功。展览图录由耶鲁大学出版社在同年出版。

[4] 关于这一乐舞的具体研究，请参童岭：《炎凤朔龙记——大唐帝国与东亚的中世》第六章《秦王乐》，商务印书馆，2014 年，第 129~148 页。

[5] 司马光：《资治通鉴》卷一百九十二《唐纪八》，中华书局，1956 年，第 6030 页。

察等诸多方面，今天我们要谈的是：科举。

从 589 年隋平陈，到 907 年朱温代唐，前后三百余年的隋唐帝国，对魏晋南北朝的诸种制度，有继承也有改革、转变，并影响了此后到清朝为止的全部帝制王朝。众所周知，世界上第一本中国通史是日本那珂通世所撰[6]，而世界上第一本魏晋南北朝断代史，也是出于日本学者冈崎文夫之手[7]。京都学派著名学者谷川道雄评价这本书云：

支那通史卷之三 唐

第五篇 唐上

第一章 李世民擅殺兄弟

五七〇節 唐高祖之起晉陽也皆秦王世民之謀高祖謂世民曰事成當以汝爲太子將佐亦以爲請世民固辭而止李密降唐初見高祖猶有傲色及見世民不覺驚服退而歎曰眞英主也世民提兵戰無不勝破薛仁杲走劉武周擒竇建德降王世充高祖以世民功大特置天策上將位在王公上以世民爲之開府置官屬 五七一節 世民以國內寖平開館以延文學之士杜如晦房玄齡虞世南褚亮姚思廉陸德明孔穎達等十八人並以本官兼文學館學士分爲三番更日直宿世民暇日輙至館中討論文籍或至夜分使閻立本圖像褚亮爲贊號十八學士士大夫得預其選者時人謂之登瀛洲 五七二節 皇太子建成好酒色遊畋弟齊王元吉驕侈多過失而世民功名日盛建成内不自安乃與元吉協謀共傾世民高祖多

图三 京都大学附属图书馆藏那珂通世《支那通史》

这本书认为，贵族阶级从汉代社会内部孕育出的名望家层开始，发展到了六朝时期，把军阀、政权牢牢掌控在手中，确立了他们的社会性与政治性权威。然而，当取得政治权力之后，他们却又经历了一个颓废、自灭的过程。如果直截了当的说，那就是社会性权威从政治权力之中（脱离并）自立，进而凌驾在政治权力之上，并将其包摄，从而完成了历史性生命体的主旨。权力与权威的分裂以及融合，是中世史的显著课题。[8]

从魏晋南北朝的延长线上理解隋唐，是一种可行且可信的研究理路。上面提到的“社会性权威从政治权力之中（脱离并）自立，进而凌驾在政治权力之上，并将其包摄，从而完成了历史性生命体的主旨”，实在是非常精彩的判断，我以为，之所以王谢等六朝贵族有那么强大的向心力，正是因为他们掌握了“社会性权威”，可以与皇帝的“政治性权力”相抗衡。而支撑起六朝贵族“社会性权威”的重要支柱之一，就是官员选拔的九品中正制[9]。所以，隋唐以来科举制度的本质，就是中央政府试图重新将“社会性权威”与“政治性权力”相合一。

北周苏绰六条诏书“今之选举者，当不限资荫，唯在得人”[10]的精神，在隋代得到贯彻(包括隋文帝在内的隋朝重要人物，很多都与苏绰在北周朝廷同殿称臣过）。比如，隋文帝就取消刺史的地方官员任命权。五品以上官员，中央重臣商议推荐，皇帝决定；六品以下官员，由中央的吏部任命。同时，废除九品中正制，在开皇七年（587）正月施行贡举[11]。《剑桥中国隋唐史》：“集中人才的需要形成了隋朝

[6] 童岭：《那珂通世、林泰辅与清末民初的中国学界》，《文史知识》2009 年第 5 期。《东洋学的系谱・那珂通世篇》（江上波夫编，田中正美撰，童岭译），《古典文学知识》2010 年第 6 期。

[7] 冈崎文夫：《魏晋南北朝通史》，日本弘文堂，1932 年。

[8] 谷川道雄：《中国中世の探求：历史と人间》，日本エディタースクール出版部，1987 年，第 70 页。原文为日文，这段是笔者的翻译，着重号亦为笔者所加。

[9] 宫崎市定著，韩昇、刘建英译：《九品官人法研究——科举前史》，中华书局，2008 年；王乐毅：《从九品到科举——读宫崎市定〈九品官人法研究——科举前史〉》，《科举文化》2018 年第 1 期，第 79~84 页。

[10] 令狐德棻：《周书》卷二十三《苏绰传》，中华书局，1971 年，第 386 页。

[11] 魏徵等撰：《隋书》卷一《高祖纪》云：“乙未，制诸州岁贡三人。”中华书局，1973 年，第 25 页。又可见《资治通鉴》卷一百七十六《陈纪十》，第 5488 页。这一年距离隋平陈统一天下还有 2 年。

的科举考试制度，它是实行到1905年的帝国选拔制度的先驱。"[12]

三、长安进士考试的诸面相

大唐帝国继承隋朝，设科取士，据《新唐书·选举志》云：

其科之目，有秀才，有明经，有俊士，有进士，有明法，有明字，有明算，有一史，有三史，有开元礼，有道举，有童子。而明经之别，有五经，有三经，有二经，有学究一经，有三礼，有三传，有史科。此岁举之常选也。

这段史料，其实指出了唐代科举的常科与制科之别。王鸣盛《十七史商榷》对此考证云："其实若秀才则为尤异之科，不常举。若俊士与进士，实同名异。若道举，仅玄宗一朝行之（中略）。大约终唐世为常选之最盛者，不过明经、进士两科而已。"[13]

因此，"上品无寒门，下品无势族"——唐代普通文士想要超越六朝以来的门阀贵族、超越自身阶层的最佳途径，就是应进士科。根据马端临《文献通考》卷二十九《选举考》云："圣唐有天下垂二百年，登进士科者三千余人。"那么每年进士及第者不足二十人，所以在长安中进士科的士人，高高处于唐代碾压各科的"鄙视链顶端"。

《剧谈录》卷下《元相国谒李贺》条云：

元和中，进士李贺善为歌篇，韩文公深所知重，于缙绅之间，每加延誉，由是声华籍甚。时元相国稹年少以明经擢第，亦工篇什，常愿交结于贺。一日，执贽造门。贺览刺不答，遽令仆者谓曰："明经擢第，何事来看李贺？"相国无复致情，积愤而退。[14]

执贽又叫投贽、贽谒。吃李贺"闭门羹"的元相国，就是著名的大文豪元稹。记载这一事件的是晚唐人康骈。吾校先贤卞孝萱先生《元稹年谱》曾经指出，元稹明经擢第时十五岁[15]，而李贺只有四岁[16]。傅璇琮据此认为是"小说家言"[17]。然而我以为，这段史料并不是指元稹明经擢第"那一年"就正好去拜访李贺，实际上无论如何，"明经擢第，何事来看李贺？"这种进士科看不起明经科的思想，一定是普遍存在于唐代社会中的。

不仅仅是后世，唐代士人已经充分认识到科举取士的优点，如有唐人云："国家取士，远法前代，进士之科，得人为盛。"（《全唐文》卷九六六《请更定三考奏改并及第人数奏》）所以把进士及第称为"登龙门"[18]。到了唐高宗、则天武后时代，进士已经为全体官僚所艳羡，哪怕身为宰相亦羡慕之。我们举一段文献，看看唐代男性的"三大梦想"是什么：

薛中书元超谓所亲曰："吾不才，富贵过分，然平生有三恨：（A）始不以进士擢第，（B）不得娶五姓女，（C）不得修国史。"[19]

[12] 崔瑞德编：《剑桥中国隋唐史》，中国社会科学出版社，1990年，第86页。
[13] 王鸣盛著，黄曙辉点校：《十七史商榷》卷八十一《取士大要有三》，上海书店出版社，2005年，第703页。
[14] 康骈：《剧谈录》，古典文学出版社，1958年，第60~61页。
[15] 卞孝萱：《元稹年谱》，齐鲁书社，1980年，第26~29页。元稹明经擢第是在贞元九年（793），该年十五岁。卞先生认为元稹不由进士而从明经擢第，是"避难趋易"。关于元稹明经及第的时间，国际学界如花房英树《元稹研究》第一部《生涯と制作》也认为是贞元九年，汇文堂书店，1977年，第10页。
[16] 朱自清《李贺年谱》谓李贺"贞元九年癸酉四岁"，《朱自清古典文学论文集》，上海古籍出版社，1981年，第498页。
[17] 傅璇琮：《唐代科举与文学》，陕西人民出版社，2003年，第111页。又，吾校先贤程千帆先生《唐代进士行卷与文学》也认为是"虚构的故事"，上海古籍出版社，1980年，第7页。基于唐代小说类文献的特殊性，我对于程、傅二位前辈的看法持保留态度。
[18] 封演撰，赵贞信校注：《封氏闻见记校注》卷三《贡举》，中华书局，2005年，第17页。
[19] 刘餗撰，程毅中点校：《隋唐嘉话》卷中，中华书局，1979年，第28页。

薛元超的家族是经历东西魏、北齐、隋唐近两百年的名门望族，祖父薛道衡侍隋，父薛收是秦王李世民的记室参军，为平定王世充、窦建德献策建功，三十三岁早逝。李世民“亲自临哭”。薛元超幼年以聪慧得名，六岁得袭父爵汾阴男，深得唐太宗的器重，令他娶李元吉之女和静县主为妻。1972 年陕西出土《薛元超墓志》记载唐太宗对皇太子李治说过：“元超父事我，雅杖名节，我令元超事汝，汝宜重之。”——如果薛元超生活在魏晋南北朝，一定是第一流的大名士、大贵族；很可惜，时代的巨浪虽然把他托举到唐代宰相的高位，但因为 A“不以进士擢第”成为他终身的恨事。顺便一提，B“五姓女”指的是北朝隋唐山东郡姓大族家的女子，以王、崔、卢、李、郑五姓为最大；C 修国史[20]，对唐代文士来说，是一种参与到“立言不朽”的事业。总之，如《唐摭言》所说“搢绅虽位极人臣，不由进士者，终不为美”[21]是实实在在反映了唐代长安士人的整体精神世界。

下面再简单说一下唐代进士考试的大致顺序：一、常科因为每年举行，又叫“岁举”。举子的来源有二，生徒（中央或地方的学馆选拔送到尚书省）、乡贡（举选不由馆学者，谓之乡贡，皆怀牒自列于州、县）。二、每年八月左右，地方刺史举行乡饮酒礼和践行仪式。十月“随物入贡”，进入帝都长安准备春闱。三、从唐玄宗开元二十五年（737）开始，进士由吏部转入礼部主试（省试、礼部试），大约分三场：帖经、杂文（诗赋各一）、时务策五条（第一场可以用诗歌来代替，名曰“赎帖”）。四、放榜一般在来年三月，又称春榜、金榜。譬如贞元八年（792），崔群、韩愈等的“龙虎榜”最为有名。

到达长安的“候考”士子生活是怎样的呢？大文豪韩愈回忆道：

仆在京城八九年，无所取资，日求于人以度时月。当时行之不觉也，今而思之，如痛定之人思当痛之时，不知何能自处也（《韩昌黎文集校注·与李翱书》）。

大概很少有人想到，“痛定思痛”这个成语也会与长安科举的年轻文士有关吧？韩愈在长安街头、中进士之前的八九年，证明了现实的确就是那么残酷。

又如另一位大文豪白居易，贞元十五年（799）秋，意气风发、一举夺魁中进士，他当时与一位叫“侯生”的年轻人俱为宣城守所贡。命运弄人，同样具有才华的两个士子，一位一年不到即登龙门，另一位考了二十三年之

图四-1　乾陵博物馆藏《薛元超墓志》

[20] 关于唐代修国史的研究，请参杜希德著，黄宝华译：《唐代官修史籍考》，上海古籍出版社，2010 年；麦大维著，张达志等译：《唐代中国的国家与学者》，中国社会科学出版社，2019 年。

[21] 王定保撰，陶绍清校证：《唐摭言校证》卷一《散序进士》，中华书局，2021 年，第 14~15 页。

图四 -2　乾陵博物馆藏《薛元超墓志》

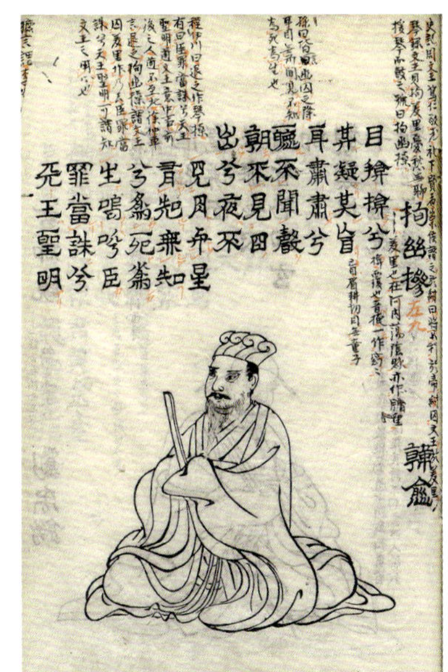

图五
京都大学藏
《诗仙图像》钞本

久也没有及第，从此消逝在历史上（《送侯权秀才序》）。

值得一提的是，在科举视野下，长安的座主与门生之间诞生了唐代新的官僚势力依存关系。《独异志》卷下记载，宰相崔群把自己当年做主考官（知贡举）时选拔的三十名进士，称为：“余有三十所美庄良田遍天下。”这在唐人看来是极其正常的思维。知举者选拔应试举子，及第举子日后自然要知恩图报，否则就是柳宗元所谓的“非人也”。但到了北宋之后，禁止称“恩门”“师门”，亦禁止自称“门生”，将选举权进一步集中在皇帝手中，君主独裁制度被巩固了。

四、唐诗中的制度与文学

京都大学吉川幸次郎《中国文学史之我见》说道：

唐代的七、八、九三世纪是中国诗的黄金时代。（中略）如果说诗的任务是去接近散文所无法企及的无限定的东西，那么，最好地完成这任务的，也是唐诗。[22]

我们把黄金时代聚焦到诗歌上，那又是怎样一种精神世界呢？2009 年，余英时先生在回答陈致教授提问时说道：“在唐代的精神世界里儒家实际上占不了什么位置的，不是佛教就是道家，佛教更重要；另外一个在文化史上非常重要的就是诗，当然这要以当时整个历史为背景。”[23]对于余先生这一判断，我十分赞同，未来唐研究的两个开拓点，无疑一个是宗教的多维研究，另一个是立足于文化史、精神史视野的文学（而不是文学史视野下的文学），下文我们将以科举诗歌及科举诗歌的周边文献为核心，尝试进入唐代长安士人的精神世界。

譬如刘虚白名句“二十年前此夜中，一般灯烛一般风”——这首唐诗写的是回忆男女风月吗？非也！是回忆长安礼部科举考试的“大决战”。我们上一节已提到，进士考试在礼部的贡院，时间是春季，又称“春闱”或“礼闱”。三场之中，首场非常关键，诗歌的才能尤其重要。

《太平广记》记载了微服私访的大唐皇帝与落第士子之间围绕诗歌的一段有趣佚文：

唐德宗微行，一日夏中至西明寺。时宋济在僧院过夏（夏课），上忽入济院，方在窗下，犊鼻葛巾抄书。上曰：茶请一碗。济曰：鼎水中煎，此有茶味，请自泼之。上又问曰：作何事业？兼问姓行。济云：姓宋第五，应进士举。又曰：所业何？曰：作诗。又曰：闻今上好作诗，何如？宋济云：圣意不测。语未竟，忽从辇递到，曰官家官家，济惶惧待罪。上曰：宋五大坦率。后礼部放牓，上命内臣看有济名，使回奏无名。上曰：宋五又坦率也。[24]

这位在长安西明寺（唐代最著名的佛教寺庙之一，高僧玄奘、道宣都在此译经）复习备考的宋五，对于“今上”诗歌的评价，没有让“今上”满意，第二年又铩羽而归，皇帝也没有同情他。

其实“今上”唐德宗是一位喜爱诗歌的风流天子。韩翃，天宝十三载（754）进士，后闲居四年，郁郁不得志，但诗名天下知。时朝廷知制诰缺人，中书省提名两次，德宗不批。只好请旨，德宗批复“与韩翃”。当时还有一个同名韩翃任江淮刺史，中书省不知皇帝要哪一个，德宗再批“与‘春城无处不飞花’韩翃”。

图六　河南博物院藏唐仕女俑

[22] 吉川幸次郎著，钱婉约译：《我的留学记》，光明日报出版社，1999 年，第 174 页。
[23] 陈致访谈：《余英时访谈录》，中华书局，2012 年，第 54~55 页。
[24] 李昉等编：《太平广记》卷一百八十《贡举三·宋济》第二册，上海古籍出版社，1990 年，第 203 页。案：影印本“犊鼻”误作“特鼻”。

这是因为韩翃有一首天下知名的《寒食》诗：

春城无处不飞花，寒食东风御柳斜。

日暮汉宫传蜡烛，轻烟散入五侯家。

诚如法国研究汉魏六朝的著名汉学家侯思孟（Donald Holzman）所说："中国文学深刻地嵌入中国的历史中。"[25]我们再看一下唐代科举考试中的一份"满分作文"。钱起，字仲文，吴兴人。天宝九载，在北上长安应举途中，住在京口旅馆中，一个月夜，听到院中有人吟诗，走来走去只吟诵两句：

曲终人不见，江上数峰青。

钱起出来看到没有人，很好奇，但记住了这两句。第二年长安春闱，考题是"湘灵鼓瑟"。钱起就用了这一句作为结尾，主考官李暐极为赞叹，称"必有神助"，录取了钱起。这两句诗好在哪里呢？1935年朱光潜《说"曲终人不见，江上数峰青"——答夏丏尊先生》写道：

我爱这两句诗，多少是因为它对于我启示了一种哲学的意蕴。"曲终人不见"所表现的是消逝，"江上数峰青"所表现的是永恒。可爱的乐声和奏乐者虽然消逝了，而青山却巍然如旧，永远可以让我们把心情寄托在它上面。人到底是怕凄凉的，要求伴侣的。曲终了，人去了，我们一霎时以前所游目骋怀的世界，猛然间好像从脚底倒塌去了。这是人生最难堪的一件事，但是一转眼间我们看到江上青峰，好像又找到另一个可亲的伴侣，另一个可托足的世界，而且它永远是在那里的。[26]

作为第一流美学家的朱光潜，在此处把这个问题阐释得非常清楚了。

唐代科举与后世科举的一个巨大不同点，就是唐代科举考试的卷子是不用"糊名"的（顾炎武《日知录》卷十七"糊名"条），所以对于主考官来说，信息是公开的。这一制度促使了"行卷"的产生。程千帆先生说："所谓行卷，就是应试的举子将自己的文学创作加以编辑，写成卷轴，在考试以前呈送当时在社会上、政治上和文坛上有地位的人，请求他们向主司即主持考试的礼部侍郎推荐，从而增加自己及第的希望的一种手段。"[27]这大概类似于今天的博士生考试之前，考生把自己较为满意的论文先给博导看——但今天的博士生考试的笔试环节依旧是糊名的。

唐代科举的诗歌，在"行卷"的视野下就有了释读的多元性。

例如，宝历二年（826）进士及第的朱庆余名诗《闺意》：

洞房昨夜停红烛，待晓堂前拜舅姑。

妆罢低声问夫婿，画眉深浅入时无？

对此诗，洪迈《容斋随笔》说："余独爱朱庆余《闺意》……细味此章，元不谈量女之容貌。而其华艳韶好，体态温柔，风流酝藉，非第一人不足当也。"又说："此诗不言美丽，而味其词意，非绝色第一，不足以当之。"抛开时代与制度的因素不谈，我也完全赞同洪迈的判断，细细品读这首绝句28个字，虽然没有一个字描写新娘的容貌，但她一定是一位绝色美人。

然而，《闺意》这首诗除了上面的文学性"明码"，还有深藏的唐代制度史"暗码"。这首诗全称是《闺意上张水部》，清编《全唐诗》又题为《近试上张籍水部》，张水部就是

[25] Holzman的论述请见《海外学人专访录》，《文学遗产》1989年第4期。Holzman本人在具体的研究工作中，也坚持了这种文史结合法，可参其*Poetry and politics: the life and works of juan chi*, Cambridge University Press, 1976。

[26] 近代学术史上，鲁迅对朱光潜这一看法很不赞同，具体争论及其文化背景请参胡晓明：《真诗的现代性：朱光潜与鲁迅关于"曲终人不见"的争论及其余响》，《江海学刊》2006年第3期。

[27] 程千帆：《唐代进士行卷与文学》，第3页。

那一年的进士主考官：时任水部员外郎的张籍。张籍收到朱庆余的“行卷”后，同为文士的他给晚辈朱庆余回了一首诗：

越女新妆出镜心，自知明艳更沉吟。

齐纨未足时人贵，一曲菱歌敌万金。

图七 辽宁省博物馆藏《簪花仕女图》

朱庆余是吴越之人，赴长安赶考，张籍在诗中用“越女”惊艳的典故，表达了他对朱庆余文采的激赞——理所当然，朱庆余那年就高中进士了。张籍为什么能知道《闺意》诗背后的“暗码”呢？因为张籍自己也是“此中高手”。

张籍本人是贞元十五年（799）进士，他写有一首名诗《节妇吟》：

君知妾有夫，赠妾双明珠。

感君缠绵意，系在红罗襦。

妾家高楼连苑起，良人执戟明光里。

知君用心如日月，事夫誓拟同生死。

还君明珠双泪垂，恨不相逢未嫁时。

我们还是先解读一下这首诗的“明码”，它大致讲述了一位已婚女子受到另一位男子的爱慕，辗转反侧，最后没有接受那位男子的爱情。唐代人认为一个已婚女子可以接受另一个男子的爱情，甚至也可以对他表示自己的“感”，只要不抛弃丈夫或私奔——这和宋明以后道学兴起截然不同，从这个角度看，唐代的精神世界可能是宋代人都无法完全理解的。然而，这首诗全题叫《节妇吟寄东平李司空师道》，当时张籍在其他幕府任职，郓州的节度使李师道又以书币辟之，想聘用张籍，但张籍想回绝他，所以作《节妇吟》一章寄之。

五、科举士子的情爱

中国男性“惧内”是一种传统美德，在长安科考已婚士子群体中，背后也有这么一批“虎妻”。《南部新书》丁卷记载，杜羔的妻子刘氏善为诗，杜羔在长安累举不第，就想放弃回家了，妻子知道后先寄诗给丈夫曰：“良人的的有奇才，何事年年被放回？如今妾面羞君面，君到来时近夜来。”羔见诗，脸红不敢归家，复游长安，后来果然登第。妻子又寄诗云：“长安此去无多地，郁郁葱葱佳气浮。良人得意正年少，今夜醉眠何处楼？”杜羔得到妻子这首诗，立刻命车驾还家乡。

这里面，杜羔前后意态之不同，正因为后来高中进士，那是士子们在长安的极乐高光时刻，我们举几首唐诗就可以一目了然：

一战平畴五字劳，昼归乡去锦为袍。大鹏出海翎犹湿，骏马辞天气正豪（殷文圭《寄贺杜荀鹤及第》）。

东风节气近清明，车马争来满禁城。二十八人初上牒，百千万里尽传名（张籍《喜王起侍郎放榜》）。

东都放榜未花开，三十三人走马回。秦地少年多酿酒，却将春色入关来（杜牧《及第后寄长安故人》）。

昔日龌龊不堪言，今朝放荡思无涯。春风得意马蹄疾，一日看尽长安花(孟郊《登科后》)。

进士放榜之后，长安城的曲江之春最为繁华，几乎可以代表了“长安之春”。新及第进士的宴会更是曲江宴的重头戏，极尽豪华奢靡，在唐人看来几乎如同仙境——“何必三山待鸾鹤，年年此地是瀛洲”，“倾国妖姬云鬟重，薄徒公子雪衫轻”，“深紫浓香三百朵，明朝为我一时开”，“三月三日天气新，长安水边多丽人。态浓意远淑且真，肌理细腻骨肉匀”。同时，新科进士的曲江宴，也是上一代旧门贵族选东床快婿的最佳时刻。《唐摭言》云：“曲江之宴，行市罗列，长安几于半空。公卿家率以其日拣选东床，车马阗塞，莫可殚述。”[28]比较有意思的是，唐代大诗人李白，与后世《儒林外史》的作者吴敬梓等不同，李白不反对科举，也不反对曲江宴这样的狂欢。当然，更多的是没有及第的考生，占到九成以上，他们也在文学史上留下了许多名篇，如写出“凭君莫话封侯事，一将功成万骨枯”名句的曹松，一直考到 70 岁也没有及第。又如刘商《姑苏怀古送秀才下第归江南》：

君怀逸气还东吴，吟狂日日游姑苏。

兴来下笔到奇景，瑶盘迸洒蛟人珠。

可知这位落地的秀才来自苏州，但刘商劝他之诗句却也是充满豪情，我想，只有唐代人的精神世界才会存在这么豁达的共通性情感吧!

今天，我们以巴黎、纽约、香港、东京为时尚之都。但是 8~9 世纪欧亚大陆上的第一时尚之都，第一“花都”就是长安。长安有高级的洋酒吧“胡姬貌如花，当垆笑春风”——据森安孝夫考证，胡姬有蓝色或绿色的深目眼瞳；亚麻色或栗色卷发；高鼻、白肤的高加索人种女性[29]——开句玩笑话，这样充满异域情调的中亚西域美女的“杀伤力”，古今东亚男性都很难抵御吧?

图八　曲江岸边

[28]《唐摭言校证》卷三《散序》，第 83 页。
[29]森安孝夫：《シルクロードと唐帝国》，讲谈社，2007 年，第 194~195 页。

唐代的长安，也存在与科举士人密切相关的“红灯区”。《开元天宝遗事》说：“长安有平康坊，妓女所居之地，京都侠少萃集于此，兼每年新进士以红笺名纸游谒其中，时人谓此坊为‘风流薮泽’。”[30] 如果我们对照长安地图，隋唐长安城以南北 11 条、东西 44 条街道把整个城市分为 108 个“坊”，其中平康坊紧靠东市左边[31]，唐传奇《李娃传》的男主角郑生就是“自平康东门入”艳遇到了李娃。而中外学者之中，超越了情色、超越了制度史而从唐代社会深层原因看待这一问题的，是京都大学小南一郎先生，他指出：

图九 陕西历史博物馆藏唐鎏金侍女狩猎纹八瓣银杯

希望通过科举进身仕途的年轻人，身边有女性知己的情况一定不少，不单单是留恋于烟花柳巷造出绯闻的年轻人，更有那些为了考取进士的年轻人。为了长年累月学习备考的需要，身边不能没有一个照顾他生活起居的女性。与门阀派的年轻人相比，科举派的年轻人中，男女关系混乱的情况不可胜计，这应该是有缘故的。[32]

对于李娃、崔莺莺、霍小玉这样虽然是倡伎，但本质玉洁善良的女子来说，如果进入长安赶考的年轻人没有考中进士，那么她们会继续作为伴侣陪伴在年轻人身边一直生活下去——也许是一辈子。故而小南一郎推论：“从那些女性伴侣的角度出发，年轻人落榜的话，或许对于她们反而是幸福的事。”但是，“春风得意马蹄疾”——那些年轻人一旦登龙门，很多就会抛弃曾经与自己亲密交往的女性，而在曲江宴上，期待着迎娶一个中央官僚家的千金吧！

以上，通过科举、士人与文学等几重交织的因素，折射出大唐帝国“黄金时代”精神世界的几个细节。在这样绚丽的时代中，无论是硬币的正面还是反面，都以瑰丽灿烂的形式表现了出来。大唐的人与物，他们的悲欢、集散、离合都以五彩斑斓的面相定格在中国乃至欧亚大陆的文明史上，不仅最大限度地丰富了传统中国的精神世界，也让大唐成为中国文化与思想史上永恒不朽、难以超越的一个时代。

图十 唐肃宗建陵的翼马

[30] 王仁裕等撰，丁如明辑校：《开元天宝遗事十种》，上海古籍出版社，1985 年，第 79 页。

[31] 承辛龙兄告知，2015年西安市文物保护考古研究所对平康坊一带进行过发掘。参《西安胜利饭店唐代古井发掘简报》，《文博》2016 年第 5 期。

[32] 小南一郎著，童岭译：《唐代传奇小说论》第二章《莺莺传：元白文学集团的小说创作》，北京大学出版社，2015 年，第 88~89 页。

朋党政争与 9 世纪上半叶唐都长安的坊里空间

徐畅 北京师范大学历史学院

一、关于 9 世纪党争：私人空间的线索

宦官专权、藩镇割据与牛李党争，是传统史家审视唐中后期政治变迁的三条线索，其中牛李党争一般指 9 世纪上半叶唐王朝高层官僚集团内，以牛僧孺、李宗闵为代表的牛党与以李吉甫、李德裕为代表的李党之间的政治斗争[1]。所谓“牛李党争”的学术概念，由陈寅恪先生在其《唐代政治史述论稿》之《政治革命及党派分野》部分提出，他认为唐廷的官僚围绕仕宦取径由门第或由科举，形成了两个对立阶层：李吉甫、李德裕父子出身北朝以来的山东高门士族，尚门第，守礼法，具有相似特征的政客聚之而成“李党”；牛僧孺、李宗闵、杨嗣复等则属武周以后由进士科进用的新兴阶层，重科举，尚文辞，具有相似特征的政客聚之而成“牛党”[2]。

陈说诞生以来，颇有学者提出商榷意见，甚至对牛、李二党进行“解构”，如岑仲勉、唐长孺等学者提出李德裕实无党[3]；卞孝萱认为所谓的“牛党”集团不能成立[4]，王炎平虽肯定牛党的存在，但以李逢吉而非牛僧孺为牛党第一党魁[5]；周建国等学者甚至指出，从政治主张上看，牛党或李党都没有统一的划分标准，不存在明确的党派分野[6]。

这里值得辨析的是，9 世纪上半叶的唐廷内部确实存在不同派系的政治斗争，尤其是自穆宗朝至武宗朝，牛僧孺、李宗闵与李德裕交替在中央执政，贯彻相应的施政理念，把控内政外交，并排斥异己力量，左右官场进退；众多关键性政治人物及文人官僚围绕着牛僧孺、李宗闵与李德裕，形成不同的政治派系，相关活动对唐中后期的政治演进及社会诸层面产生了深远影响；只是时人并未明确划分出两个特点分明的派别，而统以“朋党”呼之。如在党争最为酷烈的大和后期，唐文宗曾多次指出“方今朝士三分之一为朋党”[7]，“去河北贼易，去此朋党难”[8]；唐亡后，宋人（传池州石埭

[1] 参胡戟主编：《二十世纪唐研究・政治卷》第一章《政治事件与政治集团政治人物》第十三节《朋党之争》，中国社会科学出版社，2002 年，第 66~69 页。

[2] 陈寅恪：《隋唐制度渊源略论稿・唐代政治史述论稿》中篇《政治革命及党派分野》述及文宗朝四宰执“盖陈、郑为李党，李、杨为牛党，经术乃两晋、北朝以来山东士族传统之旧家学，词彩则高宗、武后之后崛兴阶级之新工具”，生活・读书・新知三联书店，2001 年，第 268 页。

[3] 参岑仲勉：《隋唐史》唐史部分第四十五节“牛李之李指李宗闵，李德裕无党”，高等教育出版社，1957 年；唐长孺：《〈旧唐书〉中关于元和三年对策案的矛盾记载》，中国唐史学会编《唐史学会论文集》，陕西人民出版社，1986 年，第 167~175 页。

[4] 卞孝萱：《“牛李党争”正名》，《中国史研究》1993 年第 3 期。

[5] 王炎平：《牛李党争始因辨析》，《四川大学学报（哲学社会科学版）》1985 年第 3 期。

[6] 周建国：《关于唐代牛李党争的几个问题》，《复旦学报（社会科学版）》1983 年第 6 期。

[7] 司马光：《资治通鉴》卷二四四《唐纪》文宗大和七年，中华书局，1956 年，第 7883 页。

[8] 欧阳修等：《新唐书》卷一七四《李宗闵传》，中华书局，1975 年，第 5236 页。

县尉马永易）曾撰文记唐后期党争始末，起自牛僧孺试贤良，讫于令狐绹去相位，亦名之曰《元和朋党录》（一卷，原书已佚，晁公武《郡斋读书志》、陈振孙《直斋书录解题》存目）[9]。

如果将参与所谓“朋党”之争的人员做一细致梳理，并将其置于宪宗至宣宗朝的时间线索来看的话，围绕着上述牛僧孺、李宗闵与李德裕政治集团的两派党争是确实存在的，但不可否认还有一些官僚，秉持特异的政治立场，无法完全融括入牛、李二党集团，比如裴度、元稹、韩愈、李固言，甚至被认为与二党皆有千丝万缕联系的白居易、李商隐等。基于这种情况，本文在牛李党争之外，取用时人“朋党”的概念，用以指称 9 世纪唐廷政治舞台上的各色官僚。

关于朋党政争的性质、焦点及社会基础，学界曾开展过热烈讨论，积累了丰富的学术史；也有不少研究将党争置于从元和三年（808）至大中三年（849）的时间序列中，对其起因、发展、演变进行历时性梳理[10]。但较少有学者关注到党争展开的场域和空间因素。

党争的参与者大部分为唐廷高层文武官，除因政争失败短暂外贬的情况，大部分时间在唐都长安活动。作为常参官，他们在长安活动的场域主要是宫廷和坊里，禁省（在大明宫）是常朝和议政之所，按照唐人的公私观念，在这样的官方政治空间，是只办理公事的：“故事，丞郎诣宰相，须少间乃敢通，郎官非公事不敢谒。”[11] 而党争的核心人物——这些常参官的住所，则分布于长安城外郭城以内的坊里空间，相对于禁省，坊里宅第是官僚的私人空间，在退朝之际，僚友不仅可于私人领域赏玩山水景致，亦可相对自由地交通宾客，缔结人际关系。而这种私下的来往宴聚，正是朋党诞生的土壤。以下就尝试从私人空间的线索来解读 9 世纪上半叶的朋党政争。

二、朋党代表人物的长安坊居——兼论党争“三角地带”

自陈寅恪以降，众多学者致力于依据史书记载的人物政治表现，分别开列牛党、李党政治集团的名单，以日本学者砺波护的总结较为全面完整，共统计到牛党代表人物 41 人，李党代表人物 22 人，谨将其归类列表如下：

砺波护在统计过程中也注意到，牛党集团的 41 人并非全部出自新兴科举官僚，有不少

党派分野	代表性人物
牛党	李宗闵、李绛、杨嗣复、萧俛、马植、杜牧、李珏，李逢吉、韩佽、李固言、杨虞卿、杨汝士、杨敬之、杨汉公、李汉、崔球、魏謩、权璩、崔铉、杜悰、牛僧孺、白居易、李景让、白敏中、刘栖楚、李甘、张仲方、张又新、刘蕡、张元夫、令狐楚、令狐绹、周墀、熊望、吴汝纳、李续之、李咸、李翰、张鹭、萧澣、苏涤
李党	李回、郑畋、郑亚、裴度、李绅、李让夷、崔郸、陈夷行、韦瓘、李德裕、郑覃、崔珙、李商隐、崔从、刘濛、封敖、王茂元、薛元赏、薛元龟、刘轲、刘三复、刘邺

[9] 马端临：《文献通考》卷一九六《经籍考二十三・史・传记》，中华书局，2011 年，第 5669 页。
[10] 相关研究不赘举，参胡戟主编：《二十世纪唐研究・政治卷》第一章《政治事件与政治集团政治人物》第十三节《朋党之争》一节梳理，第 66~69 页。
[11]《新唐书》卷一八〇《李德裕传》，第 5333 页。

亦出自累世公卿的大族，如弘农杨氏越公房的杨嗣复，杨汝士、杨虞卿兄弟；此外，尚有非经科举出身的胥吏，如刘栖楚；而李党集团的 22 人亦并非全部以门第入仕，其中至少有 16 人为进士出身，如裴度、李绅、李商隐、崔从等[12]。进一步说明，即使存在两种政治集团的对立，其划分标准亦非科举与门第，而涉及多重因素。此外，白居易、裴度、薛元赏、李商隐等人能否明晰地划入牛党或者李党，学界也有异议。

在这里，我们尝试尽量撕掉牛党、李党这两个标签，将日本学者开列的 63 人视为一个大的朋党代表人物名单，下面的工作是结合史书、诗文、石刻文献记载，清人徐松《唐两京城坊考》及今人李健超增订结果[13]，将这些朋党官僚放入长安城中对应的坊里宅第中，以审查他们的居住地域分布。经过排查，共统计到 20 位朋党代表人物的长安坊居情况，在唐长安城图中标识如下（图一）。

观察可知，9 世纪上半叶长安朋党政争的代表人物，集中居住在朱雀大街以东、东市以南、曲江池以北的坊里，尤其是西北至长兴、东北至靖恭、西南至靖安、东南至升道坊，由安邑、靖恭、永乐、永宁、新昌、靖安等 12

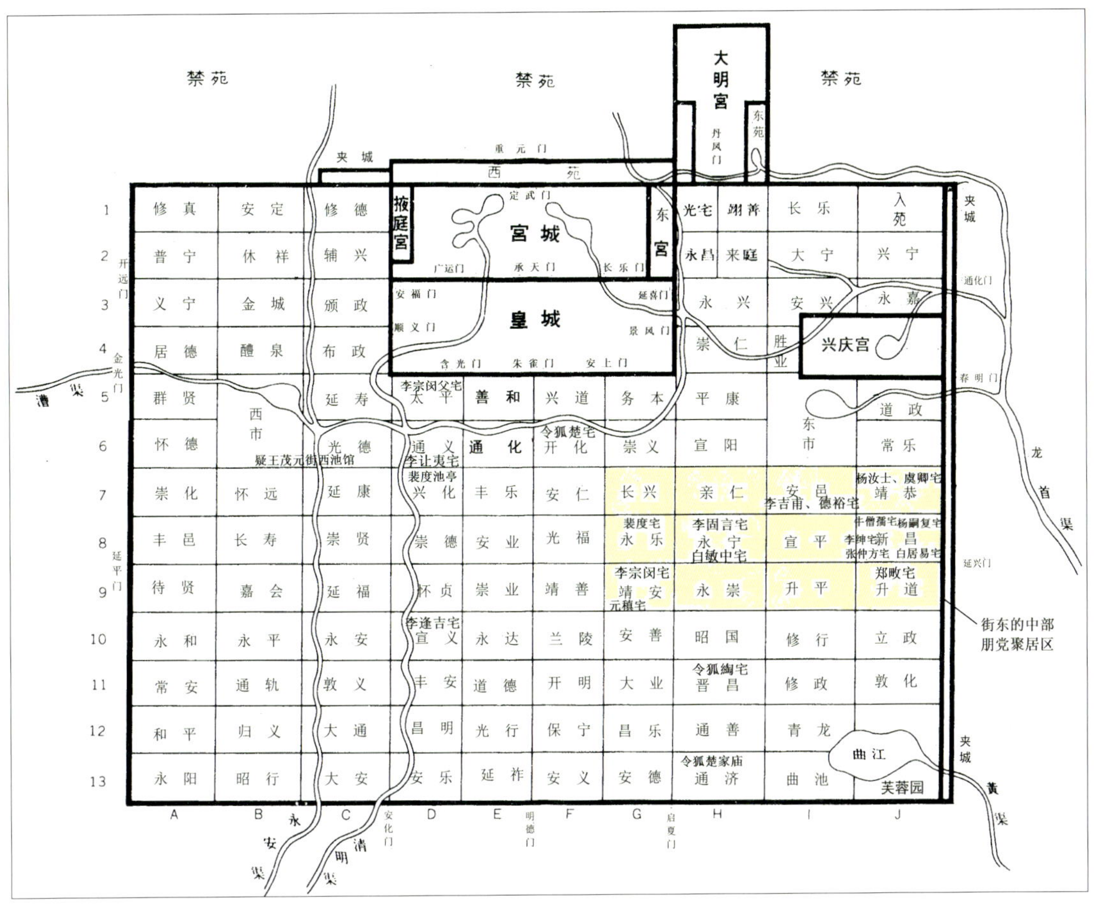

图一 9 世纪上半叶朋党人物的长安坊里分布（本图据平冈武夫主编《唐代的长安与洛阳·地图》图版三之第三图《长安城图》改制而成。原图缺皇城南太平、兴道二坊之间坊名，今补。王茂元街西池馆位置不明，姑置于西市以西地段。）

[12] 砺波护：《唐代政治社会史研究》，京都同朋舍，1986 年，第 46~53 页。
[13] 徐松撰，李健超增订：《最新增订唐两京城坊考》，三秦出版社，2019 年。

坊构成的一个条形空间，即妹尾达彦先生所谓“街东的中部”[14]。相关学者曾指出，唐中后期，随着政治中心由太极宫向大明宫的迁移，因地理位置之近便，街东聚集了大量的常朝官；而东市以南的“街东中部”，地价相对宫城之间诸坊低廉，恰处龙首原的高冈上，地势高爽，又邻近曲江池，烟水明媚，居住环境优越，成为科举官僚之首选[15]。我们统计到的 20 位朋党人物，也至少有 15 位居住在这里，下面对其具体居住情况加以说明：

正对东市以东的安邑坊，有李吉甫、李德裕父子宅，据《剧谈录》，李宅位于安邑坊东南隅，自李吉甫后父子相承[16]；而据《唐故赵郡李氏女（悬黎）墓志铭》，晚唐咸通中，李德裕之孙女仍家于安邑里，可知李氏至少四代同居于此坊[17]。安邑坊东的靖恭坊，为弘农杨氏越公房后人杨汝士、杨虞卿等兄弟宅；据徐松《两京城坊考》卷三记载：“（刑部尚书杨汝士）与其弟虞卿、汉公、鲁士同居，号靖恭杨家，为冠盖盛游。”[18] 9 世纪初，此房族人同居此坊，并列门戟，以“靖恭”为坊望。

次南一排，永乐坊有权臣裴度宅，永乐坊恰当横亘长安城东西的六道高冈之第五冈，裴度处之。因其力主削平藩镇，收复淮西，与主和派宰相李逢吉等政见不合，李逢吉党曾上疏天子，谗裴氏“名应图谶，宅据冈原，不召而来，其意可见”[19]。另据白居易《宿裴相兴化池亭兼借船舫游泛》《和裴侍中南园静兴见示》等诗记载，裴度另有池亭在街西的兴化坊[20]。推测由于唐中后期街东官僚荟聚，人口密度较高，地价相对昂贵，高层文官为在京城享受山水林池之阔，常选择于街西另辟别宅，以为园林。《唐两京城坊考》即记街西宣义坊有司徒致仕李逢吉宅，园林甚盛[21]。永乐坊以南的永宁坊，居住着文宗朝的宰相李固言，武、宣朝宰相白敏中，二人皆深处党争漩涡之中。据《白居易墓志》《白敏中墓志》及《白敏中神道碑》记载，白敏中为白居易从弟（同曾祖），其永宁坊宅承自兄居易，而白居易继承的是京兆尹杨凭旧宅[22]。

永宁坊以南至长安南郭，为新昌坊。坊近长安东出之城门延兴门，在街东中部诸坊里，较为偏远，由此至大明宫丹凤门朝参，需经由漫长的路程。但出乎意料的是，此坊内却至少聚集了五位朋党代表人物，分别是：牛僧孺，据《明皇杂录》记载，牛宅为玄宗朝将作大匠康䛒旧宅，处坊之西北角[23]。杨於陵、杨嗣复父子，为弘农杨氏越公房后人，於陵少时客居江南，贞元八年（792）入朝为官，始于长安营新昌坊宅；於陵以学术治家，四子景复、

[14] 妹尾达彦：《唐長安城の官人居住地》，《東洋史研究》第 55 卷第 2 号，1996 年，第 283~322 页。

[15] 参读妹尾达彦：《韩愈与长安——9 世纪的转型》，《唐史论丛》第 9 辑，三秦出版社，2007 年，第 1~28 页；《9 世纪的转型——以白居易为例》，《唐研究》第 11 卷，北京大学出版社，2005 年，第 485~524 页。

[16] 康骈：《剧谈录》卷下“李相国宅”条，萧逸校点《唐五代笔记小说大观》，上海古籍出版社，2000 年，第 1480 页。

[17] 周绍良主编：《唐代墓志汇编》咸通 098《唐故赵郡李氏女（悬黎）墓志铭并序》，上海古籍出版社，1992 年，第 2454~2455 页。

[18] 李健超增订：《最新增订唐两京城坊考》，第 191 页。

[19] 刘昫等：《旧唐书》卷一七〇《裴度传》，中华书局，1975 年，第 4427 页。

[20] 谢思炜校注：《白居易诗集校注》，中华书局，2006 年，第 2313 页。

[21] 李健超增订：《最新增订唐两京城坊考》，第 234 页。

[22] 参胡可先、文艳蓉：《新出石刻与白居易研究》，《文献》2008 年第 2 期。

[23] 田廷柱点校：《明皇杂录　东观奏记》，中华书局，1994 年，第 45 页。

嗣复、绍复、师复均以进士科登第，与其父同居于新昌坊。据《旧唐书》，咸通中杨嗣复长子杨损家于新昌坊[24]；据《唐故弘农杨氏殇女墓铭》，杨绍复次子杨据之女杨慧亦卒于新昌坊[25]，说明杨於陵一支至少四世同居于此坊，在唐宋之际有“新昌杨家”之雅号[26]。白居易，元和二年秋至五年为京官，曾短暂假居于新昌坊；元和末长庆初年回京，官至中书舍人，积多年薪俸，购得长安新昌坊的一处宅第，该宅处于坊最东头的贫民居住区[27]，面积狭小，墙屋低矮，设施简陋[28]；此后宅主外放，大和元年至三年再返京师，扩置新昌西宅；因晚年长居洛阳，大和九年将新昌东、西宅出售。李绅，李氏曾有七言诗，序云：“新昌宅书堂前有药树一株，今已盈拱，则长庆中于翰林院内西轩药树下移得，才长一寸，仆夫封一泥丸以归植，今则长成，名之天上树。”[29]据之推测，李绅营新昌宅当不晚于长庆初，绅会昌元年卒，除外任，应皆居此，堂前有自翰林院移栽之药树（绅曾为翰林学士）。张仲方，张九龄弟九皋孙，据白居易《张仲方墓志铭》可知志主自贞元末至开成二年宅于长安新昌坊[30]。

次南一排，靖安坊中有元和朋党党魁之一、文宗朝拜相的权臣李宗闵宅。据《宣室志》载，唐丞相李宗闵尝退朝于靖安里第[31]；《唐语林》载：“元和已来，宰相有两李少师，故以所居别之。永宁少师固言……靖安少师者，宗闵也。”[32]言及李宗闵和李固言以所居坊名为别。与李德裕、李绅并称“三俊”，长庆初拜相的元稹也曾居于此坊，据元稹《莺莺传》：“贞元岁九月，执事李公垂宿于余靖安里第，语及于是。公垂卓然称异，遂为《莺莺歌》以传之。崔氏小名莺莺，公垂以命篇。”[33]靖安坊为元氏祖宅，贞元末赴长安应举的李绅因与元稹交好，曾宿其宅，并协助一同完成文学创作。

南邻延兴门、较新昌坊更加偏远的昇道坊内，有晚唐宰相郑畋宅[34]；郑畋主要活动于唐宣宗至僖宗朝，是时以牛僧孺、李德裕为代表的朋党政争已基本终结，但因郑畋父为李德裕党，他也被视为9世纪朋党的代表人物之一。

在将街东中部的朋党居住情况进行一番梳理之后，让我们把观察的视角缩微至朋党人物出现频率最高的新昌坊，以及该坊以北的靖恭、安邑两坊。不少学者注意到这一地带在牛李党争中非同寻常的意义，常以《牛羊日历》的叙述予以说明：

僧孺新昌里第与虞卿夹街对门，虞卿别起高榭于僧孺之墙东，谓之南亭。列烛往来，里

[24]《旧唐书》卷一七六《杨嗣复附子损传》，第4560页。
[25]收入吴钢主编：《全唐文补遗》第7辑，三秦出版社，2000年，第151页。
[26]参拙文《白居易与新昌杨家——兼论唐中后期都城官僚交往中的同坊之谊》，待刊。
[27]吐鲁番出土《唐质库帐历（？）》记录了唐长安新昌坊及开远门外乡村贫民典当情况，参陈国灿：《从吐鲁番出土的质库帐看唐代的质库制度》，唐长孺主编《敦煌吐鲁番文书初探》，武汉大学出版社，1983年，第316~318页。
[28]参长庆元年白居易移居新昌坊后所作《卜居》《题新居寄元八》《新居早春二首》《题新昌所居》《竹窗》《新昌新居书事四十韵因寄元郎中张博士》，《白居易诗集校注》，第1518、1519、1542、1523、890、1543页。
[29]卢燕平校注：《李绅集校注》之编年诗，中华书局，2009年，第108页。
[30]白居易《唐故银青光禄大夫秘书监曲江县开国伯赠礼部尚书范阳张公墓志铭》，谢思炜校注：《白居易文集校注》，中华书局，2011年，第1975页。
[31]李宗闵靖安里居住信息及相关史料参李健超增订：《最新增订唐两京城坊考》，第75页。
[32]《唐语林》卷七《补遗》，周勋初校证：《唐语林校证》，中华书局，1987年，第613页。
[33]杨军主编：《元稹集编年笺注·散文卷》，三秦出版社，2008年，第55页。
[34]李健超增订：《最新增订唐两京城坊考》，第202页。

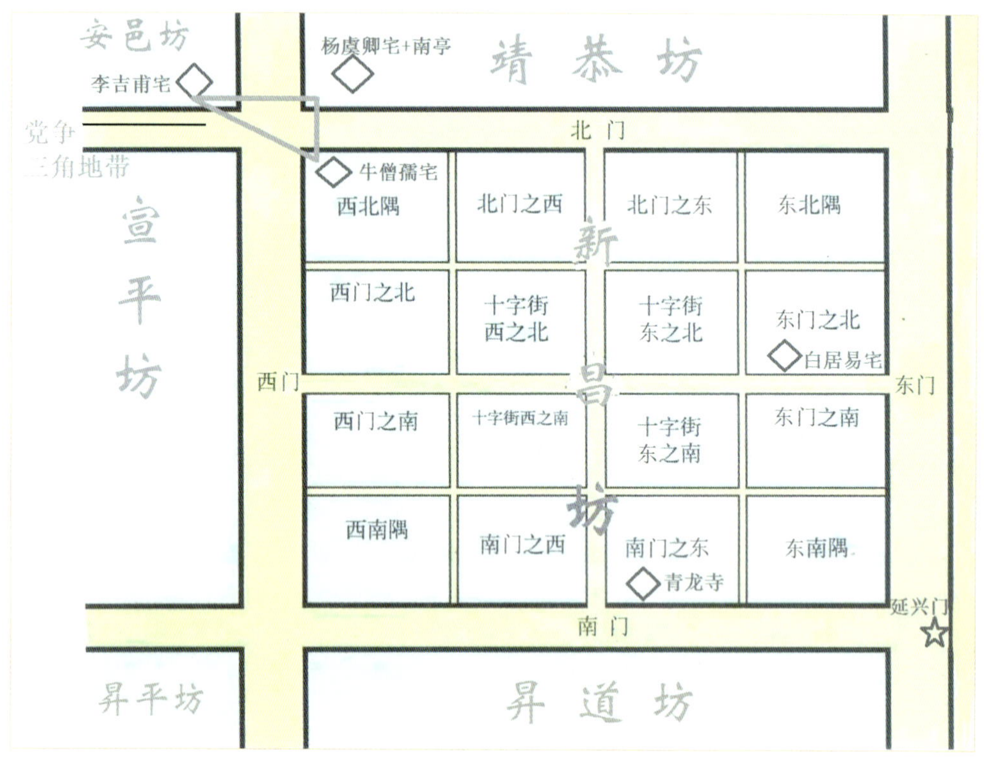

图二 9世纪上半叶长安党争的三角地带

人谓之“半夜客”，亦号此亭为“行中书”。[35]

这段记载揭示出以牛僧孺、杨虞卿为首的朋党集团在私人居住空间中的联动。前文已述及，牛僧孺宅在新昌坊西北隅，而杨虞卿与兄弟同居新昌坊北之靖恭坊，从杨氏兄弟与白居易往还诗推测[36]，杨宅恰在靖恭坊西南隅，隔着新昌坊北街和坊墙而与牛僧孺宅相邻（即《牛羊日历》所谓“夹街对门”）；两家政见相同，在朝中同气连枝，公事之余，还常于私宅联络关系；两宅分处两坊，被坊墙隔开，为便于“列烛往来”（即夜间交往），杨宅特起高层建筑“高榭”，号曰南亭，以跨越坊墙，沟通牛家，功能有类秦汉时期的复道（亭楼之间相与联通的空中道路）[37]。

特别值得一提的是，与牛僧孺对立的另一朋党代表人物李吉甫的长安宅第，不在别处，却恰与上述牛、杨二宅比邻，上文述及，李德裕宅正在安邑坊东南隅。将上述牛僧孺、杨虞卿、李吉甫三宅复原于坊里示意图中（图二），可以发现，在新昌、靖恭、安邑三坊交叉处，形成一个三角地带；这一地带浓缩了两个不同朋党集团的党首活动，又是牛僧孺、杨虞卿一

[35] 刘轲：《牛羊日历》，缪荃孙编《藕香零拾》，中华书局，1999年，第104~105页。一般以《牛羊日历》代表李党立场，叙事与史实颇有出入，但对官员坊里居住的描绘却是可信的。关于《牛羊日历》的作者及其政治派别，参王梦鸥：《牛羊日历及其相关作品与作家辨》，氏著《唐人小说研究·四集》，艺文印书馆，1978年，第106~134页。
[36] 如白居易《闲出》《自题新昌居止因招杨郎中小饮》《晚春闲居杨工部寄诗杨常州寄茶同到因以长句答之》诸诗，《白居易诗集校注》，第1971、2061、2408页 。
[37] 参读王子今、马振智：《秦汉“复道”考》，《文博》1984年第3期。

党议事之“行中书”，在唐中后期长安官场，具有非同寻常的意义。

的确，相对于牛僧孺、李宗闵、杨虞卿、杨嗣复等科举人物组成的朋党集团，李吉甫、李德裕父子不仅反对于禁省公共空间交通宾客[38]，更反对座主门生利用坊里空间游宴期集，以缔结私人关系[39]，甚至公开声明谢绝上门之访客[40]，但文献同样记载了李德裕在安邑里私家亭院中计定大事[41]，或因假日休沐邀宰相、朝士宴语[42]。也就是说，长安坊里空间，为朋党内部的集结提供了相对私密的场域。不同朋党集团在利用私密场域开展联络一事上，并无二致。

三、追 问

值得注意的是，长安外郭城以朱雀大街为界，街西分为54坊1市，街东亦列54坊1市，共计111坊之地，可以说坊里林立，居住空间广阔（相对唐以前的都城而言）。而在这样偌大的长安，9世纪上半叶的朋党，却荟聚于街东中部这一条形空间；对立朋党集团的代表人物，更集中居住在新昌坊以北更小的一个三角地带，在狭窄的私人空间内分别展开活动。朋党成员的集中居住，是否有意为之？空间的局促，是否成为党争愈演愈烈的催化剂？不同政治派系如何在狭窄空间内部有效传达信息，并防止情报外流？这是一系列围绕长安城内政治空间与信息传递的饶有兴味的话题，还需要我们寻找更多的文献记载，结合坊里考古信息，做小心地求证。

[38]《新唐书》卷一八〇《李德裕传》载：“李宗闵时，往往通宾客。李听为太子太傅，招所善载酒集宗闵阁，酣醉乃去。至德裕，则喻御史：‘有以事见宰相，必先白台乃听。凡罢朝，繇龙尾道趋出。’”第5333页。

[39]李德裕曾上《停进士宴会题名疏》，提议：“今日已后，进士及第，任一度参见有司，向后不得聚集参谒，及于有司宅置宴。其曲江大会朝官，及题名书席，并望勒停。”傅璇琮、周建国校笺：《李德裕文集校笺》，河北教育出版社，2000年，第718页。

[40]《玉泉子》记：“德裕抑退浮薄，奖拔孤寒。于时朝贵朋党，德裕破之，由是结怨，而绝于附会，门无宾客。”据夏婧点校：《奉天录（外三种）》，中华书局，2014年，第116页。

[41]李德裕“所居安邑里第，有院号‘起草’，亭曰‘精思’，每计大事，则处其中”。《新唐书》卷一八〇《李德裕传》，第5343页。

[42]康骈：《剧谈录》卷下“李相国宅”条，《唐五代笔记小说大观》，第1480~1481页。

从“使馆”到“商馆”
——大宰府鸿胪馆的历史变迁

刘可维　南京师范大学社会发展学院

鸿胪馆是日本古代效仿隋唐“鸿胪寺”之名，设置的用于接待外交、贸易人员的设施。历史上，平安京（京都）、难波（大阪）、大宰府（福冈）三地均曾建有鸿胪馆。其中平安京的鸿胪馆除作为遣唐使的启程之所外，主要负责接待渤海使节[1]。位于大阪湾的难波津是从海路进入日本古代都城的主要港口，倭国曾在此设馆用于接待外国使节[2]。不过，在进入平安朝后，难波的鸿胪馆逐渐退出了历史舞台。与前两者相比，大宰府鸿胪馆不仅存续时间最长，并且其主要承担着与中国王朝交往的职责，在日本古代国家发展过程中发挥了重要的作用。经过近三十年持续的考古发掘，位于福冈市的鸿胪馆遗址呈现在世人眼前，为探讨鸿胪馆的构造、功能提供了实物资料。本文将结合考古发现，梳理大宰府鸿胪馆的成立、变迁过程，以此为基础探讨其在中日交流中所扮演的角色。

一、大宰府鸿胪馆的成立背景

在日本古代文明的发展史上，东亚大陆的文化、制度、技术曾发挥了至关重要的促进作用。由于客观的地理条件，九州北部成为日本古代国家与东亚大陆展开交往的最主要关津。弥生时代（公元前 5~3 世纪）九州北部形成的倭国国家群中，奴、邪马台等国先后接受汉、曹魏的册封，成为中国王朝构建的东亚世界体系中的一员。邪马台国还曾在伊都国设立“一大率”，专门用于负责外交事务。可以说从这一时期开始，已奠定了九州北部作为日本列岛对外交涉窗口的职能[3]。

日本列岛在进入古坟时代（3~7 世纪）后，政治中心转移至本州中部奈良盆地的大和地区。大和政权先后在大阪湾沿岸的难波设立难波馆、三韩馆、高丽馆、百济客馆堂等馆驿，用于接待朝鲜半岛诸国使节。可见，当时难波已成为大和朝廷外交上的重要据点。与此相对，尽管这一时期九州北部的政治地位显著下降，不过由于得天独厚的地理优势，其依然担负着大和朝廷“关门”的作用[4]。实际上，当外国使节进入倭国后，往往从九州北部的筑紫入境，并在此等候进入都城的安排。608 年，隋炀帝派遣裴世清陪同遣隋使小野妹子返回日本之际，就曾到达筑紫，随后才向难波进发[5]。

随着日本列岛与东亚诸国交往的频繁，九州北部所担负的这种外交职能与日俱增。特

[1] 角田文卫：《平安京の鴻臚館》，《古代文化》四二一八，1990 年；原美和子：《平安京の鴻臚館に関する一考察》，《学習院大学人文科学論集》七，1998 年。
[2] 仁藤敦史：《外交拠点としての難波と筑紫》，《国立歴史民俗博物館研究報告》第 200 集，2016 年。
[3] 拙著：《丝路的最东端——从倭国到日本国》，商务印书馆，2019 年，第 65~85 页。
[4]《日本书纪》卷一八《宣化天皇》元年（536）夏五月辛丑条诏书载：“夫筑紫国者，遐迩之所朝届。去来之所关门。”（吉川弘文馆，1964 年，第 54 页）这里所说的“筑紫国”相当于今日九州北部福冈县一带。
[5] 参照《日本书纪》卷二二《推古天皇》十六年（608）四月条。

别是在白村江之战（663）后，倭国失去了在朝鲜半岛上的战略支点，于是将九州北部作为对抗唐、新罗的最前线。另一方面，为缓解战后的紧张局面，唐朝与倭国间开始互派使节。664 年，唐朝百济镇将刘仁愿派遣郭务悰入倭。翌年，唐朝又派遣刘德高、郭务悰等到达筑紫。此后，以维护送唐使归国的名义，倭国派遣了以守大石为首的第五次遣唐使。以白村江之战为契机，九州北部的对外交涉职能再次受到重视。倭国先后以“筑紫大郡”“筑紫小郡”接待外使，与此同时还建立了“筑紫馆”[6]。由于筑紫馆与此后的鸿胪馆功能相仿，因此一般将其视为鸿胪馆的前身。另一方面，8 世纪初倭国建立起律令体制，改国号为“日本”，并在九州北部设立了国内最大的地方行政机构大宰府。由此，筑紫馆（鸿胪馆）成为大宰府下专门用于外事接待的机构。

二、鸿胪馆与隋唐的四方馆、鸿胪客馆

鸿胪本为汉代九卿之一，执掌诸侯、四方夷狄的封拜、葬礼等事务。北齐始设鸿胪寺，负责蕃客朝会及吉凶吊祭。此后，隋唐帝国继承了北齐以来的鸿胪寺。隋代鸿胪寺典客署下设有鸿胪客馆[7]，主要用于接待外使。至炀帝朝又“置四方馆于建国门外，以待四方使者，后罢之，有事则置，名隶鸿胪寺，……东方曰东夷使者，南方曰南蛮使者，西方曰西戎使者，北方曰北狄使者”[8]。唐代典客署下同样设鸿胪客馆，而四方馆改隶于中书省[9]。虽然四方馆与鸿胪客馆的基本职能相仿，不过鸿胪客馆主要负责礼供“酋渠首领朝见者”，即周边国家或民族的首领、渠帅，属于身份较高的客使；与此相对，四方馆则主要用于接待来自东夷、西戎、南蛮、北狄的一般使节[10]。

开皇二十年（推古天皇八年，600）倭国第一次派遣遣隋使之际，隋朝尚未设立四方馆，当时的倭国使节应被安置于鸿胪客馆之中。不过，自 607 年（隋大业三年、倭国推古十五年）以小野妹子为首的第二次遣隋使开始，作为“东夷”使节，很可能住宿在新成立的四方馆中。与遣隋使同行的新汉人旻、南渊请安等留学僧，以及倭汉福因、高向玄理等留学生共八人也应一同被安排在四方馆中[11]。不论这些人物具体进入的是哪类机构，遣隋使集团无疑接触到隋帝国鸿胪寺下属的客馆。这一时期正当圣德太子改革期间，倭国积极效仿中国制度，建立以天皇为中心的中央集权体制[12]。在此背景下，倭国逐渐形成了自身的天下观[13]，并最终导入中国王朝的客馆制度。限于史料的记载，尚难以明确奈良时代（710~794）在各类客馆基础上建立鸿胪馆的过程，不过可以肯定至平安时代（794~1185）前期，日本在平安京、难波、

[6]《日本书纪》卷三〇《持统天皇》二年（688）二月己亥条：“飨（金）霜林等于筑紫馆，赐物各有差。”（第 396 页）又，二年九月丙辰朔戊寅条：“飨耽罗佐平加罗等于筑紫馆，赐物各有差。”（第 397 页）这里所见金霜林、佐平加罗均为朝鲜半岛诸国使节。

[7]“鸿胪客馆”有可能在隋代又被称为“蕃客馆”，参见石晓军：《隋唐都城接待外使机构及设施》，王勇主编《东亚坐标中的遣隋唐使研究》，中国书籍出版社，2013 年，第 203 页。

[8]魏徵等：《隋书》卷二八《百官志下》，中华书局，2020 年，第 889 页。

[9]王静：《隋唐四方馆、鸿胪客馆论考》，《西域研究》2002 年第 2 期。

[10]何春明：《唐朝四方馆研究》，中央民族大学博士学位论文，2011 年，第 123~125 页。

[11]上原和：《聖德太子の遣隋使》，《學士會会報》第 798 号，1993 年。

[12]东野治之：《遣唐使》，岩波书店，2007 年，第 20~31 页。

[13]川本芳昭著，刘可维译：《东亚古代的诸民族与国家》第二篇第一章第一节《古代日本中华意识的形成》，社会科学文献出版社，2020 年。

大宰府分别设立了鸿胪馆。

三、鸿胪馆遗址的主要发现

1987 年，福冈市在中央区平和台棒球场外进行施工之际，发现了大面积的建筑遗址。通过出土的中国瓷器判断，该遗迹为大宰府鸿胪馆遗址。此后，相关发掘成果陆续公布。根据考古资料，目前可将鸿胪馆遗址分为五期：

第一期（7 世纪后半 ~8 世纪前半）

发现南北两组院落式建筑遗址，两组建筑间由一谷地隔开。北侧建筑主体东西约 54 米、南北约 39 米。建筑东侧中部发现有门的遗迹。南侧建筑主体东西约 52 米、南北约 37 米。第一期仅出土少量的三彩枕，以及新罗印花陶器。

第二期（8 世纪前半 ~8 世纪末）

建筑遗存保存相对完整，在第一期南北两建筑的基础上进行了大规模扩建。北侧建筑东西约 56 米、南北约 73 米。南侧建筑东西约 56 米、南北约 76 米。两院落均仅在东侧中心设门。两组建筑中间的谷地上，增设有一座土桥。出土遗物与第一期相仿。

第三期（9 世纪初 ~9 世纪后半）

本期建筑遗存基本继承了第二期的形制，但在规模上又有所扩大。主要表现在南北两侧增设了一系列附属建筑。此外，连接南北的土桥，也被改为木桥。出土有大量的越窑青瓷、邢窑白瓷，以及少量的长沙窑瓷器。

第四、五期（9 世纪后半 ~11 世纪前半）

建筑遗存破坏严重，整体结构不甚清晰。不过，本期发现了若干灰坑，灰坑内埋藏有大量以越窑系青瓷为主的陶瓷器。其中部分陶瓷器上写有“吴”“李”“郑”等汉姓[14]。

通过上述考古资料可以确定鸿胪馆从建成初期即倭国的筑紫馆阶段开始，其基本结构就分为南北两个建筑群。有关这一点，还可从史料中获得印证。天安二年（858）唐人高奉曾在大宰府鸿胪馆赠与円珍一首名为《昨日鸿胪北馆门楼游行一绝》的绝句[15]。此外，《入唐五家传》记载：“（日本贞观三年，861）于时，大唐商人李延存在前居鸿胪北馆。”[16]根据上述记载，鸿胪馆遗址中北侧院落式建筑应称为“北馆”，主要供外国商旅居住。与此相对，南侧的建筑无疑应作“南馆”，可能属于鸿胪馆的管理机构，或举行公开仪式的场所。

四、鸿胪馆的变迁

在筑紫馆时代，东亚诸国经历了复杂、激烈的合作与对抗。在此背景下，正如裴世清、新罗使、遣隋唐使等事例所见，当时往来于九州北部的主要为各国使节。实际上，以外交使团为主体的国际交流一直持续至奈良时代。鸿胪馆遗址一、二期仅出土有少量的唐三彩器与新罗产日用陶器，展现出当时大宰府鸿胪馆以接待外交使团为主体的功能取向。不过，随着东亚国际局势趋于稳定，使节所担负的政治功能逐渐淡化，取而代之的是其不断增强的商业色彩。

根据《续日本纪》记载，天平胜宝四年（752）闰三月新罗王子金泰廉率领七百余人的使团出访日本[17]。很难想象七百余人的团队中全部为外交使者。与此相对，日本正仓院藏“鸟毛立女屏风”的装裱底纸中曾发现有数

[14] 以上考古资料参考福冈市教育委员会编：《史跡鴻臚館跡——鴻臚館跡 25 総括編》第二章《3 遺構・遺物の変遷》，福冈市教育委员会，2019 年。

[15] 春名好重：《古代・中世の漢詩・和歌の懐紙》，《国士館大学人文学会紀要》第 3 号，1971 年。

[16]《续群书类丛》卷一九三《入唐五家传》，八木书店，2013 年，第 105 页。

[17]《续日本纪》卷一八《孝谦天皇》，吉川弘文馆，1976 年，第 213 页。

件被称为《买新罗物解》的文书。其内容记载了天平胜宝四年六、七月间多位贵族申请购买新罗商品的内容[18]。由此可以确定，这些文书正是新罗使团从事贸易活动的记录。新罗使团的这种商业职能至9世纪愈发显著。承和九年（842）大宰大贰[19]藤原卫就曾严厉指责新罗不履行朝贡，专事“商贾”的行为[20]。由于出使目的的转变，以及使团规模的逐渐扩大，承担接待任务的鸿胪馆无疑难以满足现实的需要。笔者认为正是基于这种原因，鸿胪馆遗址在第二、三期进行了持续的扩建。

与使团贸易相对，从奈良时代开始民间海商也逐渐登上东亚海域的舞台。这一时期最令人瞩目的当属新罗海商（贼）[21]。不过，至9世纪中叶，日罗关系持续恶化，最终朝廷下令对于新罗商人“不得安置鸿胪以给食”[22]。由此，来日的新罗海商遭到严重打击。与此同时，“大唐海商”逐渐崭露头角[23]，而鸿胪馆自然成为了唐商开展对日贸易的中心。《三代实录》卷一一《清和天皇》记载：

（贞观七年，865，七月）廿七日丙午。先是，大宰府言：“大唐商人李延孝等六十三人，驾船一艘，来着海岸。”是日，敕安置鸿胪馆，随例供给。

（贞观八年，866，十月）三日甲戌。先是，九月一日大唐商人张言等卅一人，驾船一艘，来着大宰府。是日，敕大宰府，安置鸿胪馆，随例供给。[24]

据此可知当唐商到港经批准后，不仅会被安置于鸿胪馆，并且还按一定标准获得相应的生活物资。通过以上事例不难看出，进入平安朝后大宰府鸿胪馆作为“使馆”的功能减弱，逐渐演变为供海商住宿的“商馆”。根据《新猿乐记》记载，9至11世纪从唐朝输入的商品主要包括香料、药品、瓷器、织物等几大类[25]。特别是随着日本饮茶之风的盛行，中国生产的瓷器成为当时最重要的舶来品之一。鸿胪馆遗址自第三期以降大量出土的越窑、邢窑瓷器，无疑印证了9世纪以来大唐海商的崛起。

以上简要梳理了鸿胪馆的成立背景，及其从“使馆”到“商馆”的变迁过程。从东亚海域交通的视角来看，鸿胪馆绝不仅是一座用于安置外使、商人的客馆，基于不同文明间人员的往来，鸿胪馆还构建起东亚文化交流的桥梁。平安朝以来，众多的唐人与日本人在此唱和诗赋，交游叙别[26]。以此为中介，唐朝的文学、艺术、思想源源不断输入日本。可以说鸿胪馆为唐风文化在日本的传播同样发挥了至关重要的作用。

[18] 丸山裕美子：《正倉院文書の世界》，中央公论新社，2010年，第266~276页。
[19] 大宰大贰是大宰府中仅次于长官大宰帅的次官。
[20]《续日本后纪》卷一二《仁明天皇》，吉川弘文馆，1978年，第143页。
[21] 石井正敏：《東アジア世界と古代の日本》，山川出版社，2003年，第47~49页。
[22]《类聚三代格》卷一八《夷俘并外蕃事》承和九年（842）八月十五日“应放还入境新罗人事”条，吉川弘文馆，1972年，第570页。
[23] 现实中基于各种原因，唐商中也混杂有为数不少的渤海、新罗商人。参照黄约瑟：《“大唐商人”李延孝与九世纪中日关系》，《历史研究》1993年第4期；田中史生：《国際交流の古代列島》，KADOKAWA，2016年，第146~147页。
[24]《三代实录》，吉川弘文馆，1974年，第161、199页。
[25] 河添房江：《唐物の文化史》，岩波书店，2014年，第47~48页。
[26] 其中代表事例如《日本文德天皇实录》卷四仁寿二年（852）十二月癸未条记载：“近者，大宰鸿胪馆有唐人沈道古者，闻（小野）篁有才思，数以诗赋唱之。每视其和，常美艳藻。”（吉川弘文馆，1979年，第43页）小野篁曾担任第19次遣唐使副使，不过由于与遣唐大使藤原常嗣发生矛盾，最终拒绝出使。又，入唐八家之一的圆珍在到达大宰府后，多位居住在鸿胪馆的唐朝友人曾向其赠诗叙别；参照前揭春名好重《古代・中世の漢詩・和歌の懐紙》。

长安
考古所见唐代生活与艺术

壹

百千家似围棋局

唐长安城作为唐代的都城，是当时世界上面积最大的都城，面积达 84 平方公里。平面呈长方形，分为外郭城、皇城和宫城。唐长安城布局规范，城内南北向 11 条街道及东西向 14 条街道纵横交错，将郭城划分为 108 坊，布局犹如棋盘；城内中部设东、西两市为商业区，市内井字形街道将市界划分九区，每区四面临街，各种店铺临街而设。

唐长安城这种规整而严谨的对称条坊式布局将传统里坊制城市的发展推向巅峰。它承袭前代，以中国传统规划思想和建筑风格为基础，是曹魏邺城和北魏洛阳城的发展和完善；它影响深远，使其后诸多地区和国家纷效仿之，尤其是日本 8 世纪的都城平城京及 8 世纪末、9 世纪以降的都城平安京两城，将长安城形制、布局视为典范。唐长安这座中国历史上杰出的城市，向世人展现了大一统王朝宏伟的气魄！

兽面砖

唐

长 43 厘米，宽 33 厘米

1982 年西安市新城区火车站出土

西安博物院旧藏

陶质。砖呈矩形，边沿内有联珠纹一周，砖面中间有一浮雕兽面，宽额深目，阔嘴大张，下侧似有两爪，整体刻画形象生动。

带“戳记”砖

唐

长 35 厘米，宽 16 厘米，
厚 7 厘米

西安博物院旧藏

陶质。呈长方形，正面左侧印有绳纹，右侧印文：“西坛天宝三五月官砖”（因唐天宝三年改“年”为“载”，故“三”字后未刻“年”或“载”）。长方形的实心砖为秦汉时期发明，也称“条砖”。砖的长度多为 20 ~ 30 厘米，长、宽、厚的比例是 4∶2∶1，既是整倍数，又是等比级数，这样垒砌时便于合理地组合搭配，整体上也比较耐看。砖上常拍印绳纹或模印出几何图案、动植物图案、人物画像等。有的砖上还会刻印文字，或记录使用者姓氏，或制砖年月，或吉祥话语等。

“大中十一年”神龟镇宅石

唐

长 32 厘米，宽 19.5 厘米，高 17 厘米

西安博物院旧藏

石质。龟背刻六字“闭地户，开天门”，底部刻“辛卯记，大中拾年十月廿一日，宅德迁年，人受万岁，神龟为主，镇一宅内，万灾不起”字样。镇宅石是建造房屋时的一种压胜法，用以辟煞、破邪、逐鬼魅。敦煌文书《宅经》残卷中记有多种用石镇宅法，“凡人居宅处不利，有疾病、逃亡、耗财，以石九十斤，镇大门下，大吉利”，安石时还要念咒语。这种以石镇宅的方式传到后世，演变成了“石敢当”，以起到压灾殃、百姓康、礼乐昌的作用。当时除了以石镇宅求福灭灾外，还有以各种神符镇宅的。

日晷

唐

直径 26 厘米，长 30 厘米，厚 5.7 厘米

1976 年西安市新城广场出土

西安博物院藏

石质。晷盘正面，由中心向外刻有 12 条均匀射线，将盘中同心圆分为 12 格，按顺时针方向在每格之间依次刻有子、丑、寅、卯、辰、巳、午、未、申、酉、戌、亥 12 字。晷盘背面的圆孔两旁，由长耳向外分别刻有二十四节气名称。日晷是古人根据日影位置变化测量时间的工具，一般与量器嘉量左右相对安置在天子宫殿的丹墀之上。东为日晷，西为嘉量，不仅作为校正时间和计量单位的器具，还是一种寓治理天下之意的仪饰。

青石覆莲座

唐

直径 70 厘米

1985 年西安市碑林区正觉寺遗址出土

西安博物院藏

石质。由整块青石雕成，通体以四层莲瓣及叶形花纹浮雕组成，莲瓣自下而上逐层缩小，莲瓣尾端皆为翘起状，刻画逼真，制作精美。莲花在佛教中常用来象征净土。座中有一圆孔，原应承有造像或立柱于其上。

唐八棱乐舞浮雕须弥座

唐

直径 85 厘米，高 27 厘米

西安博物院藏

八棱柱形，青石质。上平面中心凿有一个圆形凹槽，上、下部均有叠涩，中间束腰处八棱每面内镶一壶门，壶门内饰乐舞浮雕，浮雕形象生动。

“须弥”最早见于佛教典籍，是古印度神话中圣山的名称。须弥座是一种上下部位凸出、中部凹进，象征须弥山宇宙观的基座。随着佛教的传入，须弥座进入我国，广泛应用于建筑中。我国最早的须弥座见于云冈北魏石窟，是一种上下出涩、中为束腰的形式。至唐、宋时，上下涩加多，且有莲瓣之类为饰，束腰部分显著加高，并有束腰柱子将之分割成若干段。唐代须弥座造型开始复杂，装饰纹样多样化，传统的忍冬纹与本土文化融合，逐步演变为具有中国特征的卷草纹饰，构图更加复杂多样，造型上注重体积感的塑造，各种花朵叶片雕刻精美，轮廓线条流畅。

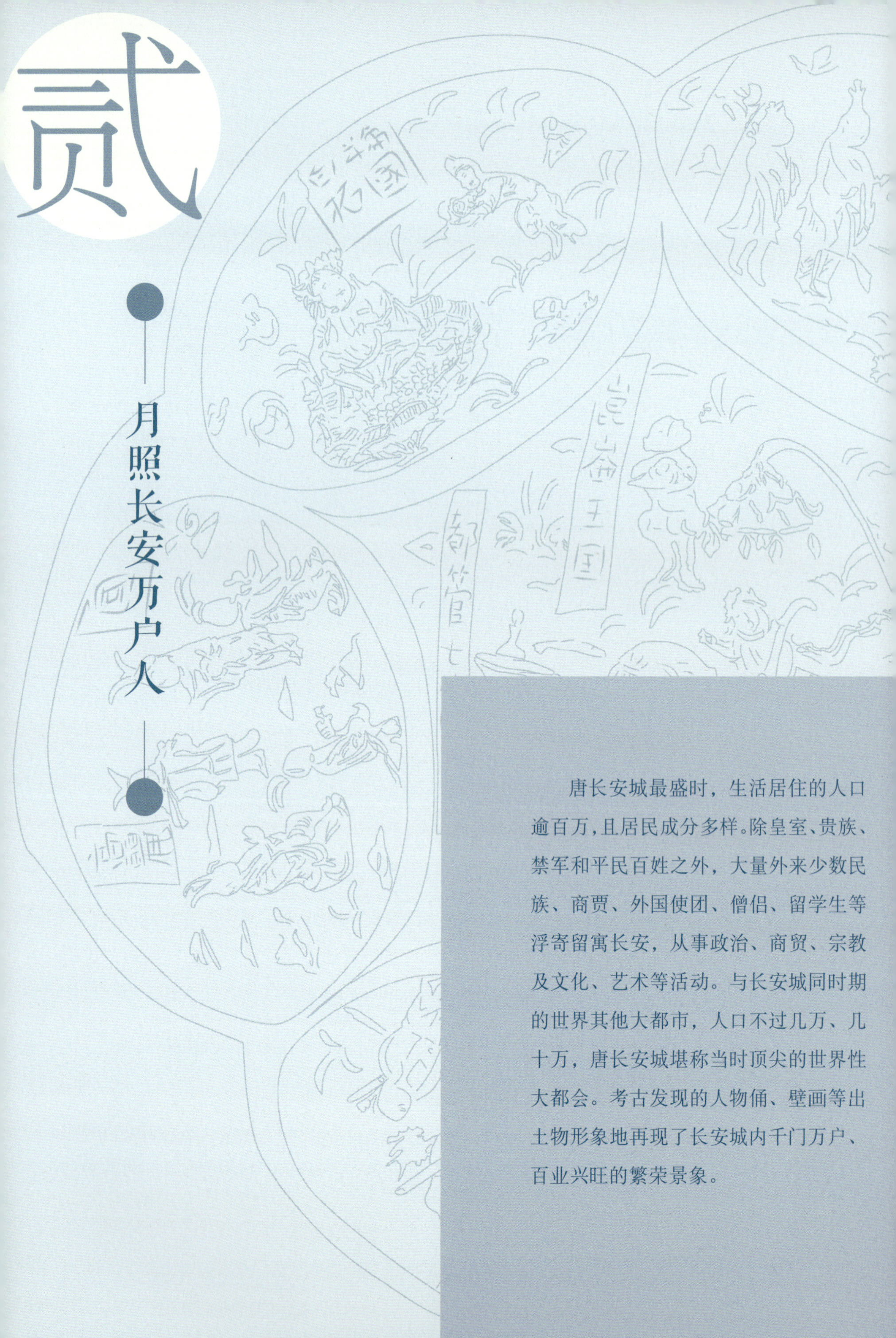

贰

月照长安万户人

唐长安城最盛时，生活居住的人口逾百万，且居民成分多样。除皇室、贵族、禁军和平民百姓之外，大量外来少数民族、商贾、外国使团、僧侣、留学生等浮寄留寓长安，从事政治、商贸、宗教及文化、艺术等活动。与长安城同时期的世界其他大都市，人口不过几万、几十万，唐长安城堪称当时顶尖的世界性大都会。考古发现的人物俑、壁画等出土物形象地再现了长安城内千门万户、百业兴旺的繁荣景象。

◎ 朱门甲第

长安城作为大唐的政治、文化中心，皇权和贵族权力在此集中体现。魏晋南北朝时期兴盛的门阀制度在初唐仍具影响力，不同等级的贵族官僚在法律、社会制度上享有程度不一的特权，他们是政治、经济、文化等各个方面的指导阶层乃至统治阶层。随着科举制的推进，社会阶级结构在唐中叶开始转型，寒门子弟得以通过科举实现阶级进跃，极大程度地改变了官员队伍的出身结构，动摇了贵族阶层的政治基础。但总体来说，名门贵族在唐代仍具极高的声望，是社会结构中占据优势地位的一环。

李建成墓志

唐

志盖长 69.5 厘米，宽 68.3 厘米；

墓志长 68.2 厘米，宽 69.2 厘米

2013 年西安市文物稽查队移交

西安博物院藏

墓志志盖为盝顶形，篆书 3 行 9 字：“大唐故息王墓志之铭”，志文隶书 7 行 55 字：“大唐故息隐王墓志，王讳建成，武德九年六月四日薨于京师，粤以贞观二年岁次戊子正月己酉朔十三日辛酉葬于雍州长安县之高阳原。”简略记载了隐太子李建成的名讳、谥号、死亡时间、下葬时间和下葬地点等。其中“隐”字为重新刻写，这就印证了文献上记载关于李建成谥号曾经有过争议的史实。李建成（589 ~ 626），唐朝开国太子，于武德九年（626）被诛于“玄武门之变”。

大唐故息隱王墓誌
王諱建成武德九年六
月四日薨於京師粤以
貞觀二年歲次戊子正
月己酉朔十三日辛酉
葬於雍州長安縣之高
陽原

郑观音墓志

唐

志盖长 95.2 厘米，宽 90 厘米；墓志长 113 厘米，宽 109 厘米

2013 年西安市文物稽查队移交

西安博物院藏

墓志盖为盝顶形，中部篆书 3 行 12 字：“大唐故隐太子妃郑氏墓志铭”，志盖四周刻有精美的忍冬纹。志文楷书 ,35 行，满行 35 字，共 1183 字。郑观音 (599 ~ 676) ，李建成之妃。出身于北朝望族荥阳郑氏，十六岁嫁给唐国公世子李建成，后受册成为太子妃。玄武门政变后，郑观音孀居五十年，于高宗上元三年 (676) 正月薨，卒年七十八岁，与李建成归葬一处。关于郑观音的文献记载极简，此志可补史书之阙。

知以爲伯也孰没則飛蓬在鬢君之出矣則明鏡生塵况乎萬古長辭三泉永隔故以皃隨

心痒形遂魂銷是知綺紈爲悅己之資琴瑟乃歡娛之具驪駒之逝取悅之理奚從黄鵠單

棲遊歡之路斯絕於是捐飾玩屏珎華耳無絲竹之音身有縗絰之服桑榆遲暮湯沐優隆

猶執敬姜之勤不懈母師之禮古人遺烈何以加焉而五運交馳三微乎及屢環瀛之內始

盛期乎未爽稟埏埴之功有形歸於畢化雖復金天錫壽罕遇百齡丹竈祈仙不逢三鳥以

上元三年正月卅日寢疾薨於長樂門內春秋七十八　皇情軫悼禮有加隆喪葬所須

務令優厚仍使太府少卿梁務儉太子洗馬蕭沈監護喪事殯於第五女歸德縣主之宅稟

朝息也妃潛融物表識揜幾先綜群言於素冊包衆藝於彤管仁爲己任七子均愛於桑鳩

禮以持身六義飛聲於河鳥孀閨瑩室五十餘年複徽崇垣九重清峻芳蘭有馥在幽林而

不渝翠篠含貞凌暑彦而彌勁可謂令儀令德不騫不忘者歟俄而殯從樻宮帷冪徂謀

龜獻兆傳鳳開塋粤以其年七月七日祔葬隱陵之側南分御宿永絕清笳東望杜陵空驚

哀挽雖樵蘇有禁節婦之隴長存而星琯亟周神姑之海行變立言不朽將在斯文其銘曰

震坊東開光野西垂良人佇侁淑媛來儀彩涵珠浦色掞瓊枝融情班識屬禮秦姬其一屢養

椒庭承歡桂宇少陽中饋重離內主四德順規三從叶矩麟趾興謡[illegible]振羽其二鶴關流賞

龍閣促宴轂響侵雷臺嫣聳電玉臺既毀金觴不薦哀纏悼闈離披颷霰其三六疾晦明九泉

幽阻屬纊　巖掩歸魂幼女兆登居蔡塋開宿楚縞綍[illegible]斯[illegible]峻巣其四周原古隧漢昆

荒瀰東望吾子西望吾夫風吟拱木鳥思平蕪悲哥一奏[illegible]

大唐故隱太子妃鄭氏墓誌銘并序

夫桂宮銀牓盖佐居守器之尊甲館瓊幃允妃承主鬯之禮不有貴逾卿族質茂伭儀何以
趍事紫宸齊榮青陸妃諱觀音滎陽人也郊畿錫社河濟興都作相貽哥勤王著績
臣心如水南宮聞曳履之聲吾道既東北海闢容軒之路高祖道玉後魏太常卿徐州刺史
祖謙後魏司徒府長史諫議大夫潁川郡太守吳山郡公父繼伯北齊本州大中正吳山公
隋開府儀同三司金紫光祿大夫桔州刺史武德中贈都督潭衡郴道永邵連七州諸軍事
潭州都督並分珪裂壤開國承家周詩頌吉甫之神姚典載高陽之美迴龜入埋循化溢於
專城伏熊臨軾縟禮光於大隧妃程雲薦彩喻日摛華淑韻娉婷明月皎星河之夕韶姿婉
娩和風流桃李之蹊道協女師聲昭姆教鵷文孚梓鴻擇登絃鄭訓息洽千人慶隆於前葉
焉援身終五嶺福初於後庭 我高祖或躍在川潛表謳哥之運隱太子長男居震將
膺儲副之隆席寓所歸河魴是屬妃言容早蕆從紉齒而昇笄蘿蔦方滋引輕輪而徵御嬪
于大國時惟二八之年嘒彼小星且流三五之訓既而南征不復素車延軹道之殃西怨方
啓黃鉞播商郊之旅俄屬鎬池清禊酆户垂徽啓金輅之榮外齊鹽撫承翟車之寵內切憂
勤至如夕宴宣華朝遊博望鳳舞鸞哥侈其欲翠與雕輦導其歡妃忌滿嬰懷流讓軒念恒
在貴而思降每矯奢而侚約寧窺寶匣唯取鑒檢緹緗罕御芳鉛罷莊情於禮訓而泰終則
否福盈生災禍構春闈刑申秋憲妃言依剔鮮憲沐 殊私楝析棲嵐更荷棲遲之地藁

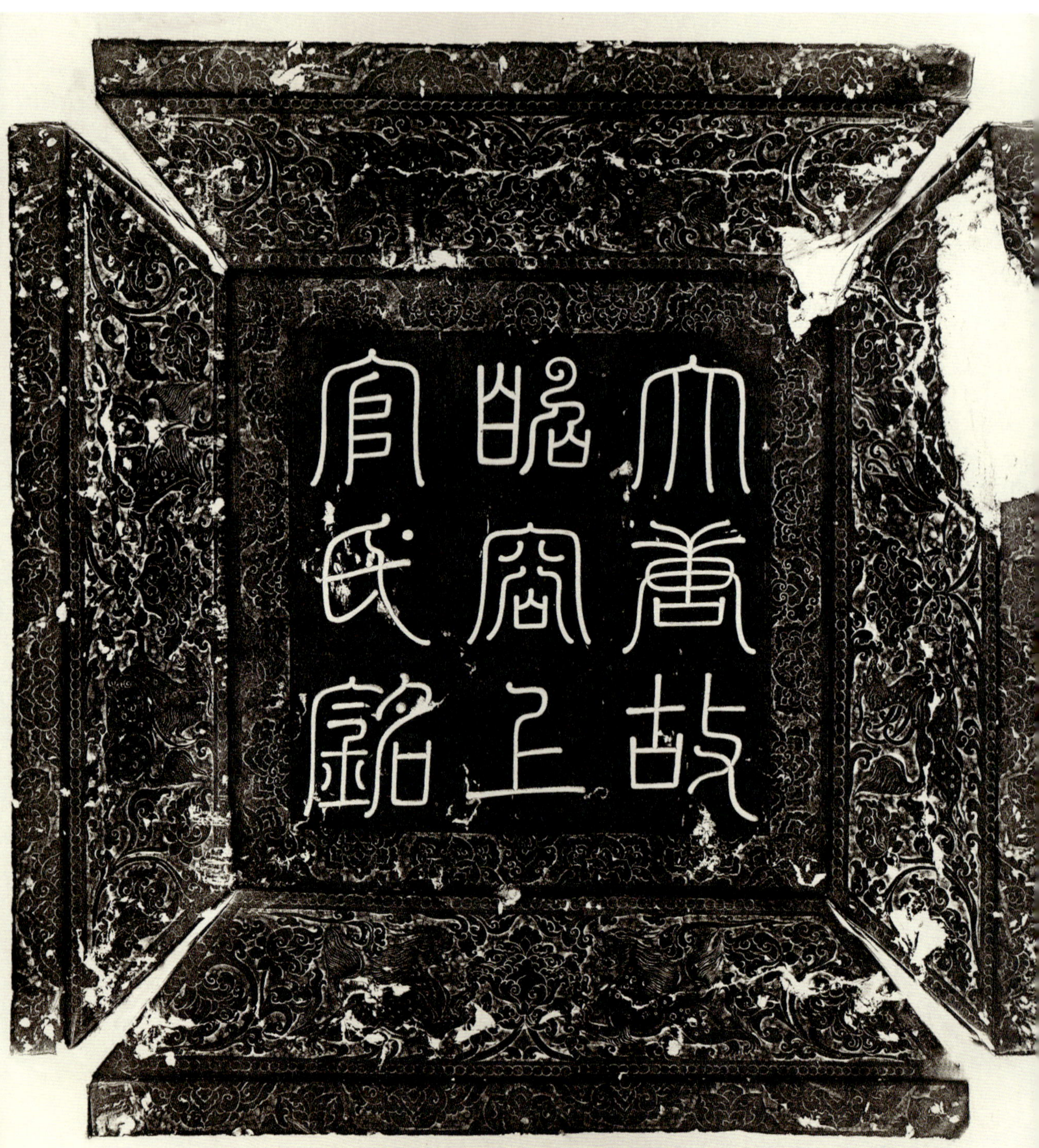
大唐故
昭容上
官氏銘

上官婉儿墓志

唐

志盖长 95 厘米，宽 88 厘米；墓志长 108 厘米，宽 108 厘米

2013 年西安市西咸新区空港新城出土

陕西省考古研究院藏

墓志盖为盝顶形，上书 3 行 9 字：“大唐故昭容上官氏铭”。志文 32 行，满行 33 字，共 982 字。四侧在整体联珠纹框内减地线刻十二辰，衬以缠枝忍冬，线刻图案造型精细、优美。志文记载了上官婉儿的世系、经历、死因、下葬时间和地点等信息，且特意提到太平公主赙赠葬礼并对上官氏之死表示哀伤。

上官婉儿（664 ~ 710），唐代著名女官、诗人、皇妃。其曾祖父上官弘曾在隋朝时任江都宫副监，祖父上官仪于唐高宗时任宰相。上官婉儿因聪慧善文而得到武则天重用，封为“内舍人”，掌管宫中制诰多年。唐中宗时，封为昭容，权势更盛，在政坛、文坛有着显要地位。710 年，临淄王李隆基起兵发动唐隆政变，上官婉儿与韦后同时被杀。景云二年（711），复封其为昭容，谥号惠文，葬于雍州咸阳县茂道乡洪渎原。

若絀天明命神龍元年冊為昭容以韋氏侮弄國權搖動　皇極賊臣遞構欲立愛
女為儲愛女潛謀欲以賊臣為黨昭容泣血極諫扣心竭誠乞降　綸言將除蔓草
先帝自存寬厚為掩瑕疵昭容覺事不行計無所出上之請摘伏而理言且莫從中之
請辭位而退　制未之許次之請落髮而出卒為挫衄下之請飲鴆而死幾至顛墜
先帝惜其才用慜以堅貞廣求入腠之醫纔救懸絲之命屢移朏魄始就痊平表請退
為婕妤再三方許暨　宮車晏駕土宇銜哀政出後宮思屠害黎庶事連外戚欲傾
覆　宗社皇太子沖規參聖上智伐謀既先天不違亦後天斯應拯　皇基
於傾覆安　帝道於艱虞昭容居危以安處險而泰且陪　清禁委運於乾坤之
間遽冒鉏鋒亡身於倉卒之際時春秋四十七　皇鑒昭臨　聖慈軫悼爰適
制命禮葬贈官太平公主哀傷賻贈絹五百匹遣使吊祭詞旨綢繆以大唐景雲元年
八月二十四日窆於雍州咸陽縣茂道鄉洪瀆原禮也龜龍八卦與紅顏而並銷金石
五聲隨白骨而俱葬其詞曰
巨閥鴻勳長源遠系冠冕交襲公侯相繼爰誕賢明是光鋒銳宮闈以得若合符契其一
瀟湘水斷宛委山傾珠沉圓折玉碎連城甫瞻松檟靜聽墳塋千年萬歲椒花頌聲其二

大唐故婕妤上官氏墓誌銘 并序

夫道之妙者乾坤得之而爲形質氣之精者造化取之而爲識用挻埴陶鑄合散消息
不可備之於人備之於人矣則光前絕後千載其一婕妤姓上官隴西上邽人也其先
高陽氏之後子爲楚上官大夫因生得姓之相繼女爲漢昭帝皇后富貴勳庸之不絕
曾祖弘隨藤王府記室參軍襄州揔管府屬華州長史會稽郡贊持尚書比部郎中與
穀城公吐萬緒平江南授通議大夫學備五車文窮三變曳裾入侍載清長坂之衣冠
杖劒出征一掃平江之氣祲祖儀　皇朝晉府參軍東閣祭酒弘文館學士給事中太
子洗馬中書舍人祕書少監銀青光祿大夫行中書侍郎同中書門下三品贈中書令
秦州都督上柱國楚國公食邑三千戶波濤海運崖岸山高爲木則揉作良弓爲鐵則
礪成利劒採摭殫於糟粕一令典籍困窮錯綜極於煙霞載使文章全盛至於跨躡簪
笏謀猷廟堂以石投水而高視以梅和羹而獨步官寮府佐問望相趨麟閣龍樓輝光
遞襲富不期侈貴不易交生有令名　天書滿於華屋没有遺愛　璽誥及於窮
泉父庭芝左千牛周王府屬人物本源士流冠冕　宸極以侍奉爲重道在腹心王
庭以吐納爲先事資喉舌落落萬尋之樹方振國風昂昂千里之駒始光人望屬楚國
公數奇運否解印褰裳近辭　金闕之前遠竄石門之外並從流迸同以憂卒贈黄
門侍郎天水郡開國公食邑三千戶訪以荒陬無復藤城之榎藏之秘府空傳竹簡之

三彩武士俑

唐

高 86.7 厘米

1985 年西安市灞桥区洪庆乡唐韦思谦墓出土

西安博物院藏

出土时共两件，其尺寸、造型、釉色基本相似。身着甲衣，足蹬长靴，足下踏一台式方形底座。肩有披膊，身穿铠甲，长圆形护胸，内套窄袖衫。面部表情逼真生动，具有强烈的艺术感染力，再现了唐代武士雄壮威武的精神风貌。

捧手侍女俑

唐

高 72 厘米

1987 年西安市新城区韩森寨红旗电机厂唐墓出土

西安博物院藏

陶质。头梳双丫髻，着圆领长袍，腰束带，足蹬靴，头微上扬，腰略后仰，双手于胸前捧起，为典型的男装女俑形象。

◎ 万户千门

唐代长安始终是外来人口最活跃的城市，以其繁荣的经济、灿烂的文化、强盛的国力以及海纳百川的胸襟吸引着各地人群跋山涉海而来。自立邦国的吐蕃、南诏、回纥、龟兹、于阗、疏勒等少数民族及突厥人在此定居，或为官经商，或传教从艺，其中胡人入朝为官者数量甚多，其衣冠布列于朝廷几成“居朝士之半”态势；新罗、百济、日本等国留学生也是外来人口中为数众多的一个群体；此外，僧侣及传教士也大量进入长安，带来丝绸之路上的外来文明，为长安文化注入活力。

井真成墓志

志盖长 83.5 厘米，宽 63.5 厘米；墓志长 83.5 厘米，宽 63.5 厘米

2004 年西安市东郊建筑工地出土

西北大学博物馆藏

墓志盖为覆斗状，青石质，志盖上书 3 行 12 字篆文：“赠尚衣奉御井府君墓志之铭”。墓志为汉白玉质，呈正方形，题为“赠尚衣奉御井公墓志文并序”，志文 171 字，志石上方缺损，致使 9 字残。志文简要记述了志主的身份、来唐经过、葬地和赠官等信息。

井真成，日本遣唐留学生，随 717 年（唐玄宗开元五年）3 月出发的第八次遣唐使，与玄昉、吉备真备、阿倍仲麻吕等人一起来到中国。因故于 734 年（唐开元二十二年）正月去世，终年 36 岁，唐玄宗下诏赠授尚衣奉御官职（从五品上）。历史文献中记载了历次日本遣唐官员和玄昉、吉备真备、阿倍仲麻吕、空海等著名人物。但创造了古代中日友好交流历史的不仅是他们，还有更多没有留下姓名的日本留学生和留学僧。为学习古代中国先进文化，他们前赴后继地前往中国。井真成墓志的发现，再次印证了中日两国文化交流的历史，在一定程度上填补了历史文献记载的空白。

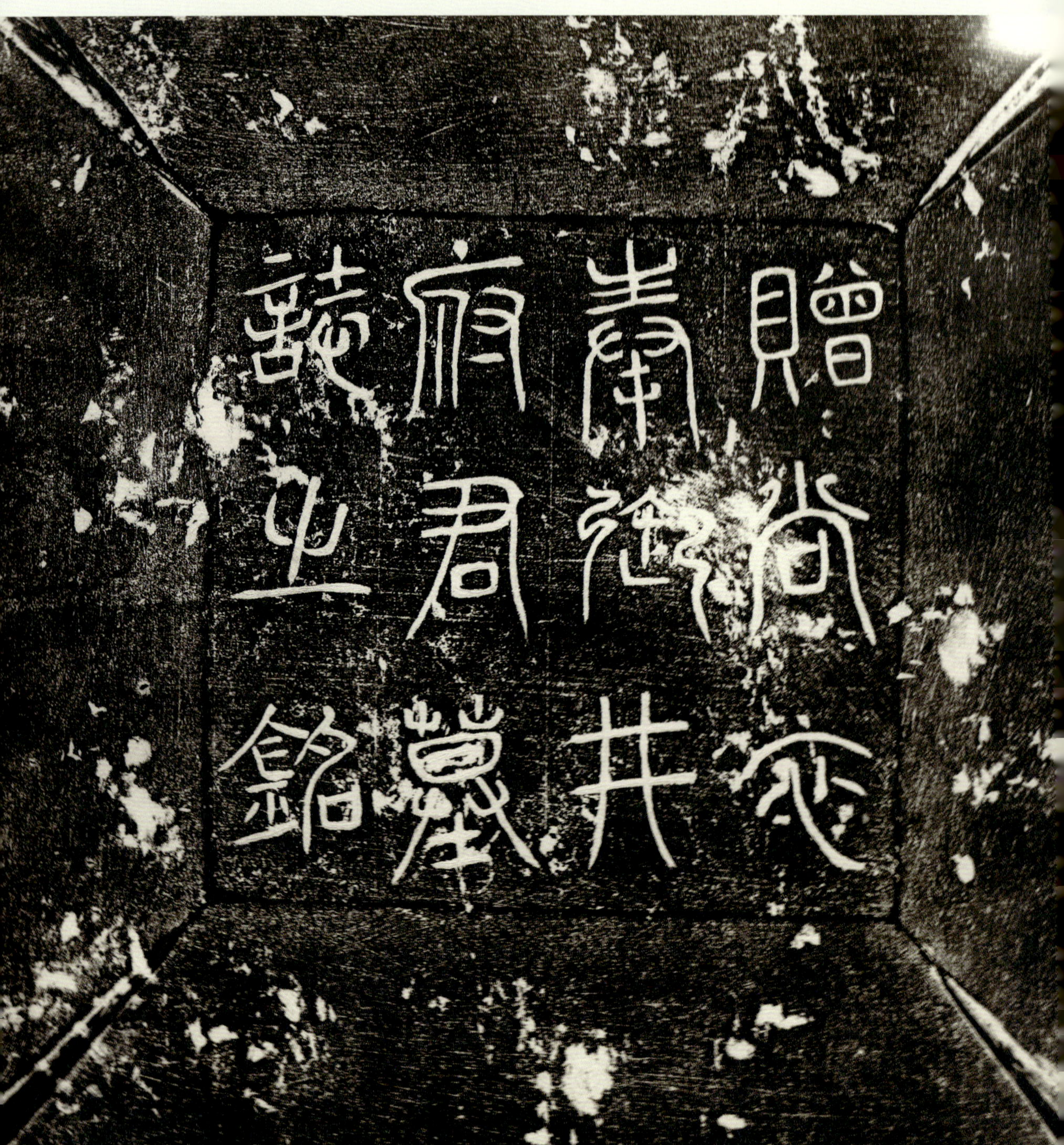
贈尚衣奉御井府君墓誌之銘

贈尚衣奉御井公墓誌文并序
姓井字真成國号日本才稱天縱故能
命遠邦馳騁上國蹈禮樂襲衣冠束帶
朝難與儔矣豈圖強學不倦問道未終
遇移舟隟逢奔駟以開元廿二年正月
日乃終于官第春秋卅六皇上
傷追崇有典詔贈尚衣奉御葬令官
即以其年二月四日窆于萬年縣滻水
原禮也嗚呼素車曉引丹旐行哀嗟遠
兮頹暮日指窮郊兮悲夜臺其辭曰
乃天常哀茲遠方形既埋於異土魂庶
於故鄉

三彩牵马俑

唐

高 27.2 厘米

2002 年西安市长安区（县）郭杜镇三十号唐墓出土

西安博物院藏

该俑头戴幞头，双目向右上方观望，着翻领紧袖胡服，腰系带，足蹬靴，双手作拉缰状，双脚微向两侧分开，站立于方形踏板上。白胎，质坚硬，头部露胎施粉，长袍以黄褐色釉为主，局部点缀蓝色，衣领也为蓝釉。胡人牵马俑在唐代两京多有出土，马、驼体格健壮或作俯首状，或昂首扬颈作朝天嘶鸣状，肌肉强健，屈腿直立，配有华丽的鞍具。同出的牵马、牵驼俑，多戴幞头，身穿翻领交襟长袍，下穿小口窄裤，足穿尖头长靴，深目高鼻，须发浓密，神气十足，塑造出充满活力的典型胡人形象。

三彩胡俑

唐

高 31 厘米

西安市雁塔分局刑侦队移交

西安博物院藏

该俑头戴幞头，着绿色翻领、窄袖褐色长袍，脚蹬长靴，络腮胡，浓眉紧锁，高颧骨，深目，貌似胡人。两脚尖呈八字形站于方形踏板上，双手均握拳，右手举起至肩部，左手握拳于腰间。

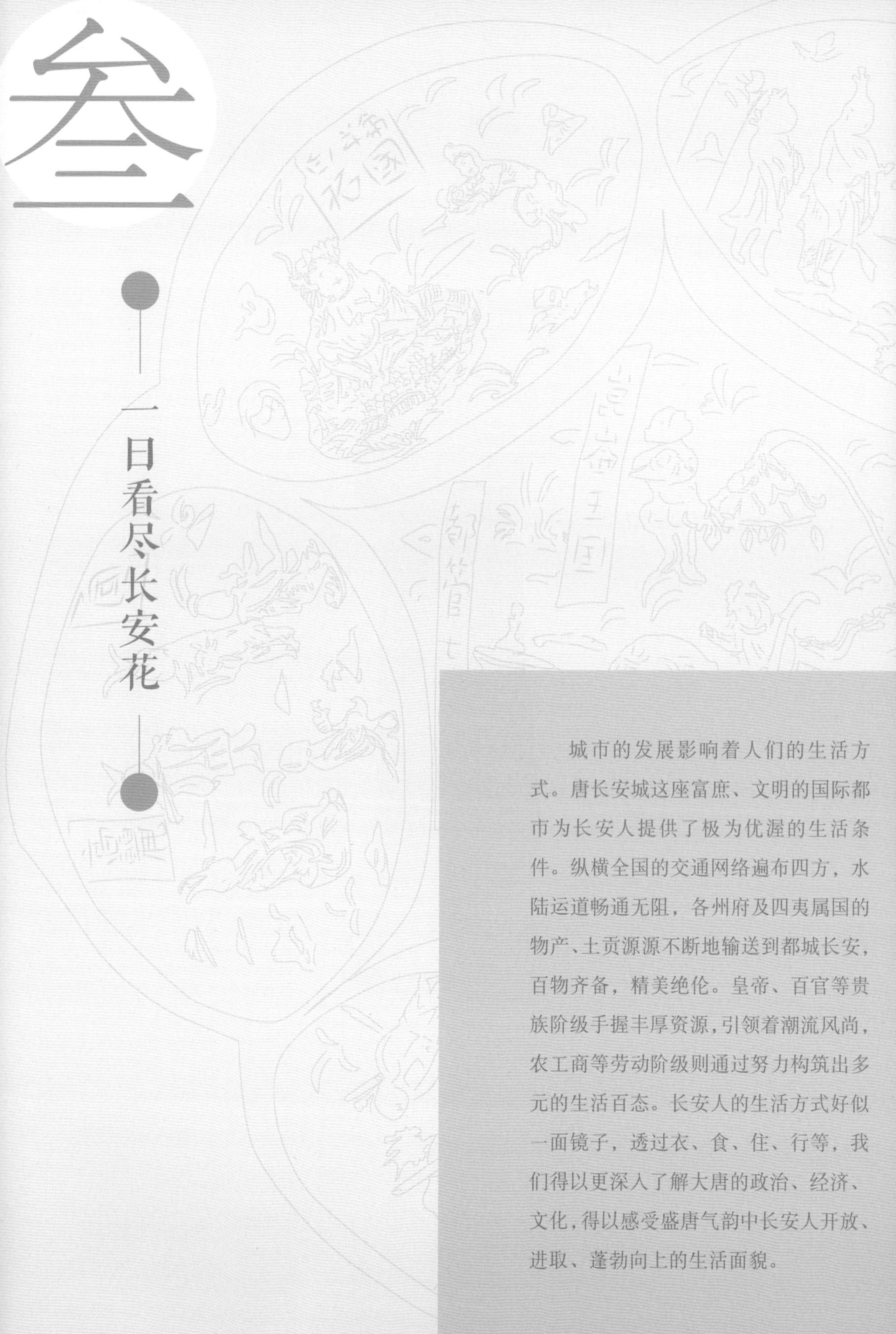

叁

一日看尽长安花

城市的发展影响着人们的生活方式。唐长安城这座富庶、文明的国际都市为长安人提供了极为优渥的生活条件。纵横全国的交通网络遍布四方，水陆运道畅通无阻，各州府及四夷属国的物产、土贡源源不断地输送到都城长安，百物齐备，精美绝伦。皇帝、百官等贵族阶级手握丰厚资源，引领着潮流风尚，农工商等劳动阶级则通过努力构筑出多元的生活百态。长安人的生活方式好似一面镜子，透过衣、食、住、行等，我们得以更深入了解大唐的政治、经济、文化，得以感受盛唐气韵中长安人开放、进取、蓬勃向上的生活面貌。

◎ 罗衫玉带

着装是反映社会最直接、最鲜明的符号，唐代服饰可谓中国服装史中最为精彩、华美的篇章。它继承并发展了前代服饰，实行礼服与常服并轨，并逐步形成法令制度以规定服饰的等级。唐代制定的品色制度、章服制度对后世及周边国家的服饰发展都产生了深远影响。

唐长安城的男子礼服着高冠革履、褒衣博带，常服则多由幞头、袍衫、革带和长靿靴组成，服饰中吸收了胡服特色，同时严格遵循服色、配饰的等级制度，体现礼仪尊卑；女子的礼服是有官品的贵妇人在正式场合下的衣着，也为律令格式所规定，常服则多以裙、衫、帔组成，女子着胡服、男装也是这一时期的风尚，是社会开放、兼容、自由的象征。这一时期的妆饰更是光彩夺目，不同发饰、面饰互相配合，打造出别样的审美意趣。

戴风帽拱手男立俑

唐

宽 6.5 厘米，高 20 厘米

1985 年东方厂家属院出土

西安博物院藏

此俑头戴黄色风帽，身披翻领大衣，黄色大衣上点缀着白色圆圈纹，翻领为白色。内穿紧身袍服。此俑竖眉瞪眼，嘴角上翘，脸部肌肉紧张。双手相握，拱于胸前。

男立俑

唐

高 80 厘米

1987 年西安市新城区韩森寨红旗电机厂唐墓出土

西安博物院藏

头戴幞头，身穿翻领右衽紧袖长袍，腰束带，足蹬长筒靴。袍的前摆提起束于带下，后摆垂地。双脚叉开，直立于一托板上。从其着装及动作看应为牵马（驼）俑。

男装抬手女立俑

唐

高 46.5 厘米

1982 年西安市未央区机械化养鸡场出土

西安博物院藏

此为一女扮男装陶俑。头戴幞头，身穿圆领长袍，内着半臂，腰束革带。右臂向上弯屈，使衣袖甩过肩后飘垂而下；左手下垂，长袖过腰，头略左侧，身随手势扭转，作舞蹈状。

插梳持扇女坐俑

唐

高 9.2 厘米，宽 3.8 厘米

西安市征集

西安博物院藏

头发高梳，髻顶插花，额前发髻上插有一把梳子，两鬓发髻自然垂下。面庞圆润，神态怡然。身穿襦衫长裙，手持长柄圆扇，环抱于腰侧，双脚收拢，端坐于圆墩上。此女俑盛装打扮，当为富贵人家的女子梳妆打扮后持扇休闲的形象。

银蹀躞带

唐

带板长 3 ~ 10.3 厘米，宽 2.4 ~ 4.2 厘米

1988 年西安市长安区郭杜乡出土

西安博物院藏

蹀躞带为银质，由带扣、十块带銙、五块圆孔环饰及铊尾组成，其中六块方銙有环，可悬挂算囊、刀砺等用品。依据唐代官服制度，男服之腰带以玉、金、银、鍮石等为饰。革带称“鞓”，其饰称“銙”。銙的材质和数量依官品高低而不同，銙的形状有方形、圆形、椭圆形、鸡心形等。

鎏金双峰团花镂空银香囊

唐

直径 5.5 厘米

1965 年西安市雁塔区三兆村出土

西安博物院藏

熏香器皿。囊身通体镂空，饰以缠枝花纹。主体由上、下两个半球体扣合构成，接合处以活轴套接，其余部分制成扣合严密的子母扣。盖身表面分别錾刻六枚团花，除盖顶团花内錾四只蜜蜂，身底为折枝团花外，其余团花内均錾刻双蜂。镂空处为阔叶纹样，上下纹饰对称。盖身相连的口缘处錾一周二方连续蔓草纹。囊内置平衡环，使所承接香盂始终处于平衡状态，不致香灰和火星外溢。“香囊”起初被考古界定名为“薰球”，1987 年法门寺地宫出土《物帐碑》上明确记载此类器物名实为“香囊”，由此纠正了以前人们以为文献中所载“香囊”为丝质香包的误判。

金蔓草花饰

唐

长 6.8 厘米，宽 4.2 厘米

1971 年西安市灞桥区郭家滩村出土

西安博物院藏

叶形饰片，外形似一枝花叶，花的茎干串连花朵与枝叶，四个花瓣上原镶嵌宝石，现已脱落。花饰构思巧妙，做工精细，变形中寓含了写实，是唐代金银艺术的精品。花饰出土时有一对小巧的金合页相伴，推测这些花饰原为用于妇女梳妆匣一类用具外的装饰之物。

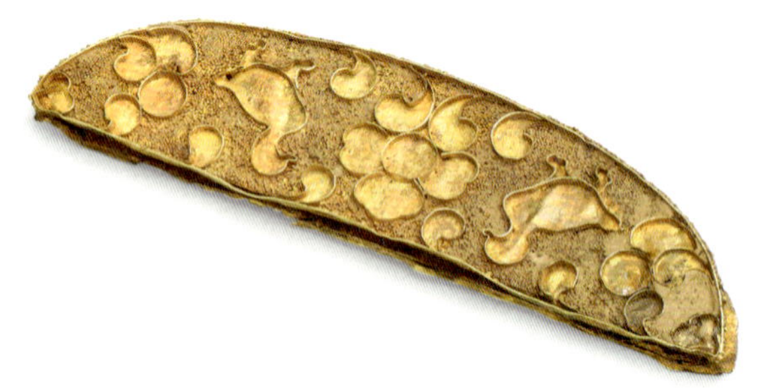

金花梳外壳

唐

长 6.8 厘米，宽 1.7 厘米

1965 年西安市长安区三兆村出土

西安博物院藏

月牙形，中空，原镶有木梳。掐丝镶嵌纹饰，两面相同，中部均为一朵梅花，两边各有鸳和鸯一只，其间饰梅花与水滴纹，纹饰以细薄金丝片编织而成。内原镶嵌有绿松石，现已脱落，边缘绕一周细小联珠。

金树

唐

上部宽 7 厘米，下部宽 0.5 厘米，根部宽 1.9 厘米，高 13.5 厘米

1971 年西安市灞桥区郭家滩村出土

西安博物院藏

由主干、花朵和枝叶组成。主干上布满花朵和枝叶，主干上有树节，根部有长藤向树上盘绕，树干下部露出树根。树上的花朵原嵌有绿松石，金树绿花、劲枝柔藤，分外富丽。在树的主干、根部及叶片上有小孔，系穿铆钉之用。

金凤

唐

宽 6.7 厘米，高 6.6 厘米

1971 年西安市灞桥区红旗乡郭家滩村出土

西安博物院藏

一对。凤昂首挺胸，双翼展开，两足蹬地，极富动感，将金凤腾空欲起的刹那瞬间刻画得生动形象。头顶高花冠，尾羽为缠枝叶形层层向上。胸、腹和飞羽处原镶嵌有绿松石，现已脱落。花冠、翅、尾尖及双足上有小孔，为穿铆钉固定之用。

金鸭

唐

宽 6.7 厘米，高 6.6 厘米

1971 年西安市灞桥区红旗乡郭家滩村出土

西安博物院藏

长喙曲颈，双翅展开，两足蹬地，作欲飞状。目视前方，尾部向后成如意云头形。在胸、腹与飞羽处原嵌绿松石，部分已脱落。翅上部与尾尖有一小孔，孔内有铆钉，起固定作用。

鸳鸯纹方形玉粉盒

长 3.6 厘米，宽 3.6 厘米，高 1.2 厘米

1976 年西安市雁塔区曲江乡曲一队出土

西安博物院藏

四方体，子母口。正面雕刻莲花纹，周围荷叶繁茂，中间雕刻盛开的莲花。反面图案与正面相同，边棱倾斜，阴刻荷叶，侧面素面，四角内凹，柄部有镂空鸳鸯两两相向而卧。

◎ 珍馐美馔

唐代的饮食生活无论是在烹饪技术、烹调食料还是在饮食器具的选择上都较前代更加丰富多彩。作为都城的长安将域内外名品菜肴尽汇于此。饮食品种多样，市场供应便利，馒头、馄饨、饺子、包子、点心等都已出现。城内食肆林立，酒馔丰溢，同时茶道渐兴，王公朝士无不饮者。

民族之间、中外人民之间的频繁交流促进了具有时代性的饮食风尚；名目繁多的赐宴、会食及宴饮成为民众人际交往的重要形式；饮酒的盛行和饮茶的艺术更是成为唐代饮食生活的重要标志。

鎏金铜釜

唐

口径 3.9 厘米，底径 2.8 厘米，高 3.6 厘米

2002 年西安市长安区祝村乡羊村出土

西安博物院藏

敛口，口沿内凹，腹部以一窄凸棱分为上下两部分。釜为古炊器，置于灶，上置甑以蒸煮，从鬲演化而来。春秋战国时期，釜曾作为容器计量单位流行于齐国，一釜容六斗四升，或二斛、三斛不等。该件铜釜器形较小，不具有实用价值，应属陪葬用品。

鸿雁折枝花纹银盘

唐

口径 24 厘米，高 3 厘米

1975 年西安市碑林区西北工业大学出土

西安博物院藏

盘口沿边饰有一周云纹，盘腹以六组折枝牡丹花平均分布四周，盘底中心亦饰阔叶折枝牡丹花纹，花中簇拥一只展翅飞翔的大雁，雁尾高翘。外侧素面，底部中心刻“十一两二分”五字。器形以贴金錾花锤鍱而成，纹饰均为錾刻。锤鍱，也称“打作”，金银器的制作工艺之一，原流行于西亚，南北朝末期传入我国，唐代大为盛行。

花鸟蝶纹银盘

唐

口径 27.5 厘米，底径 17.6 厘米，高 7.1 厘米

1972 年西安市文物管理委员会征集

西安博物院藏

五葵瓣形，表面錾刻一周叶瓣纹，腹部周饰花草，有小鸟栖息其上，花草间錾刻鎏金蝶纹。腹底边缘弦纹内錾刻荷花，底内满饰缠枝花，两只凤鸟盘旋其间。外侧面周饰荷叶纹 ，纹饰鎏金。

“官”字款三尖瓣盘

唐

口径 11.7 厘米，足径 6.4 厘米，高 3.5 厘米

1985 年西安市莲湖区火烧壁村出土

西安博物院藏

盘口为三尖瓣花形，盘内花瓣之间凸起竖直线，三瓣尖顶距离相等，圈足为釉底。1985 年在西安市火烧壁村出土了一批窖藏白瓷器，其中精细者底部刻有“官”字款，器形多样。瓷器出土地为原唐长安城安定坊内，当时这里居住的多为官宦人家，故推测窖藏可能为官宦人家躲避战乱（唐末黄巢起义）而埋入地下。瓷器上的官字款，不是“官窑”的代名词，而是指定烧单位。

“官”字款白瓷碗

唐

口径 16.8 厘米，底径 7 厘米，高 4.5 厘米

1985 年西安市莲湖区火烧壁村出土

西安博物院藏

敞口，腹壁斜直呈斗笠形，圈足为釉底。

“官”字款五尖瓣盘

唐

口径 13.5 厘米，足径 6.1 厘米，高 3.4 厘米

1985 年西安市莲湖区火烧壁村出土

西安博物院藏

盘口为五尖瓣，荷花形，圈足为釉底。这件白瓷釉色高雅，素洁，制作规整。内外施满釉，釉质匀净，胎薄质细，表现了唐代工匠极高的艺术造诣。外底有“官”字款，为施釉后烧制前刻划。

三彩捧盘女立俑

唐

高 42.6 厘米

2002 年西安市长安区郭杜镇唐墓出土

西安博物院藏

作侍立状。顶髻前倾，搭于前额上，发式宽松阔大，面部丰腴，眼睛注视前方，朱唇微启。上着绿色襦，内穿半臂，下着黄色曳地长裙，肩披蓝白相间的帔帛，在胸前交叠后垂于身后。双手捧一花瓣形托盘于胸前，立于椭圆形底板上，凝神远望，盘上放置有点心，盘下有蓝色垫布。足蹬绿色翘头履。这件三彩俑形体高大，雍容大方，制作精良，代表了唐三彩人物塑造和烧造技术的高超工艺水平。

褐釉双鱼纹扁瓶

唐

口径 4.5 厘米，腹径 18 厘米，足径 11.3 厘米，高 25 厘米

西安市公安局移交

西安博物院藏

通体施褐釉，瓶身以划花工艺形成双鱼纹，鱼眼、鱼鳞、鱼鳍皆有刻画，鱼脊置于瓶的两侧，并有四个穿带便于提携。鱼纹图案最早出现于新石器时代的陶器上，反映了古代先民对大自然的热爱和崇拜，双鱼纹更是被赋予繁盛、和谐的吉祥寓意，在唐宋瓷器、金代铜镜上常能见到双鱼的身影。

白釉叶纹扁壶

唐

长 21 厘米，宽 11 厘米，高 26 厘米

1999 年西安市莲湖区西郊热电厂出土

西安博物院藏

肩部堆塑两桃形系，一已残缺。两面腹部刻垂莲，枝叶饱满，线条流畅。胎质地较粗，白中泛黄。扁壶是用于盛酒或装水的器具，因器腹扁圆而得名。瓷扁壶最早出现于西晋，南北朝至隋唐时，器形变小，肩部贴塑双系，扁腹上印花。至元明清时期此类器物一直存在，但时代不同造型各异。

白瓷皮囊形壶

唐

腹长径 15 厘米，腹短径 14.2 厘米，底径 9.4 厘米，高 20 厘米

1961 年西安市碑林区沙坡出土

西安博物院藏

皮囊形短提梁壶腹上部堆贴有浮雕式鞍形饰，模仿鞍具所铺毡毯，其上有方格印纹，周边饰联珠纹；壶口前下侧贴塑绒线状四瓣花饰，颈腹部有凸起的仿皮囊的缝脊。胎质白细坚硬，釉色白中泛黄。此壶系模仿游牧民族盛水用的皮囊容器而制，风格充满异域情调，是唐代胡风盛行之下的产物。

茶叶末釉注子

唐

口径 4.9 厘米，腹径 8.7 厘米，底径 5.3 厘米，高 7.6 厘米

1979 年西安市文物商店移交

西安博物院藏

该执壶所施茶叶末釉属高温还原焰烧成的铁结晶釉，为黄堡窑唐代创新色釉品种之一，其釉呈乳浊状，润泽光亮但具有失透感。釉色有褐绿、黄绿、翠绿、深绿诸色。在绿色底釉上常出现深色的细小结晶釉斑，犹如新春的茶叶末喷洒在器表，故称之为“茶叶末釉”。黄堡窑即唐、五代时期的耀州窑，宋代以后称耀州窑。

“盈”字款执壶

唐

口径 9 厘米，腹径 12.6 厘米，底径 6.8 厘米，高 20.3 厘米；盖直径 10.2 厘米，高 4.7 厘米

2002 年西安市雁塔区唐青龙寺遗址出土

西安博物院藏

卷沿、束颈、圆肩，肩一侧有柱状流，另一侧有双条扁平柄，颈下有弦纹一周，外底阴刻“盈”字，整体施釉均匀，釉面细润。盖为伞形，盖沿下墨书“七”等。“盈”字在施釉前刻于器物外底。此类带盖执壶同时出土四件（套）。造型基本相似，皆为唐晚期邢窑白瓷。

仕女狩猎纹八瓣单柄银杯

唐

直径 9 厘米，高 4.2 厘米

1983 年西安市未央区大明宫乡马旗寨出土

西安博物院藏

底部原有圈足，已佚。杯体为八瓣花形，腹下八只仰莲瓣承托杯身，八瓣间隔以柳叶条带，四瓣为男子狩猎图，四瓣为仕女戏乐图，两种图案相间排列。杯心錾海水瑞兽游鱼图，杯把为环形，外缘缀球状联珠，上有如意云头状指垫，垫中心圆圈内錾一花角鹿纹。鹿被认为是纯善之兽，唐代金银器上的鹿纹多用于食器上，因与唐代“鹿鸣宴”制度有关，另“鹿”与“禄”谐音，取其“福禄、福运”之意。

带把多曲银器为中亚粟特人使用的典型器物，随着东西方陆上贸易的频繁往来，于唐代传入中国。该件银杯属盛唐时期金银器中的精品。

萨珊八曲银长杯

唐

长径 8.96 厘米，短径 5.25 厘米，高 2.65 厘米

2002 年西安市长安区祝村乡羊村出土

西安博物院藏

器物通体素面，平面呈八曲椭圆形，杯体较深，曲瓣对称，底部原应带有椭圆形圈足，已脱落。多曲长杯又称海棠形银杯，是 3 世纪至 8 世纪中叶流行于伊朗高原波斯萨珊王朝时期的一种银杯，因此也称萨珊式多曲长杯。这种长杯制作技术传入中国后，一般为八曲或十二曲，曲瓣明显凸鼓。其后艺术效果逐渐中国化，曲瓣不甚明显。

宝相花银茶托

唐

直径 7.2 厘米

1977 年西安市文物管理委员会征集

西安博物院藏

圆形，浅弧腹，内均匀分布四朵宝相花，内侧底部凸出如浅盘状。外侧素面，下有喇叭形圈足，底部平坦，茶托表面鎏金。

黄釉茶托

唐

盘径 30.5 厘米，底径 18.5 厘米，高 13.5 厘米

西安市莲湖区陕西省第三印染厂出土

西安博物院藏

敞口，浅腹，大圈足外撇。浅黄釉色自然柔和，器底不施釉。托内放置七个大小不一的器皿，其中两个较大碗内有深褐色斑纹，另有两件小盘与三只小盏。此类器形亦称“七盅盘”或“七星盘”，源于南朝“五盅盘”，风行于隋唐，主要发现于南方地区，可能作为成套的茶具使用，是隋唐时期人们饮食生活的具象反映。

折枝团花鎏金银渣斗

唐

直径 14.6 厘米，高 9.8 厘米

1977 年西安市灞桥区新筑乡枣园村出土

西安博物院藏

分上、下两部分，以细颈与腹部相连，盘口上錾三重纹饰：第一重壶口饰八瓣莲花；第二重为四株扁圆形并蒂花，其上饰三角折枝花及萱草各一枝，花茎盘绕，形成繁缛团花；第三重为一周变相仰莲瓣，錾花部位均鎏金。通体锤鍱成型，制作匀称，为唐代金银器中的精品。如置于餐桌，专用于盛载肉骨鱼刺等食物渣滓；小型者用于盛载茶渣。

◎ 器以载道

唐代造物追求“器以载道”的意境，来自异域的新工艺与中原特有的制造技术在长安地区融汇创新，为长安器用注入新的时尚元素。全国各地进贡的精致器物及世界各地的异宝奇珍全都汇聚于此，无远不至，尤其是域外的“舶来品”率先流行于宫廷，进而传至宫外，民间随之纷纷仿效，引领了全国各领域的前沿风尚。

“都管七个国”人物银盒（套）

唐

“都管七个国”人物银盒：直径 7.5 厘米，足径 6 厘米，高 5 厘米，腹深 3 厘米，重 121 克

鹦鹉纹海棠形银盒：长径 6.9 厘米，短径 6.4 厘米，高 3.4 厘米，重 38.2 克

海棠形龟纹银盒：长径 4.8 厘米，短径 3.9 厘米，高 2.3 厘米，重 30 克

1979 年西安市碑林区西安交通大学出土

西安博物院藏

这组银盒由三件套装而成，从外至内依次为：“都管七个国”人物银盒、鹦鹉纹海棠形银盒、海棠形龟纹银盒。最外层银盒呈六瓣状，盒面中部划分为六角形，内錾骑象人一，前有顶礼膜拜者，后有手执伞盖者，象右侧一人站立，左侧两人席地而坐。礼拜者前方有“都管七个国”题榜，正中有“昆仑王国”题榜，下方有“将来”二字，余白填以萱草。从昆仑王右侧顺时针排列有以下诸国：婆罗门国、土番国、疏勒国、高丽国、白柘□国、乌蛮人。盒口上下以缠枝纹为背景，刻十二生肖，且有十二时辰的题榜：子时半夜、丑时鸡鸣、寅时平旦、卯时日出、辰时食时、巳时禺中、午时正中、未时日昳、申时晡时、酉时日入、戌时黄昏、亥时人定。“都管七个国”人物银盒的来源，有人认为是南诏贡品，有人认为是长安坊间制造的佛教用品，也有人认为是唐朝廷制作用于赏赐臣下。鹦鹉纹海棠形银盒盖面隆起，海棠形子母口，平底，喇叭形圈足。盒面正中为首尾相向飞行的一对鹦鹉，底部衬缠枝卷草纹。海棠形龟纹银盒呈龟背状，盒面高隆，底平坦。除盒面錾出龟背纹外，其余均素面。内装水晶珠两颗、褐色橄榄形玛瑙珠一颗。这套银盒造型优美，錾刻精细，不仅为唐代银器的精品，也反映了唐代中外文化交流的盛况。

五足鎏金铜盘

唐

直径 37.3 厘米，高 11.5 厘米

1958 年西安市新城区西安火车站广场出土

西安博物院藏

通体鎏金。盘面上錾刻五道纹样，中心为两只带翼飞兽，如狮如虎；第二道为波曲纹串枝莲；第三道是龟背锦纹；第四道饰大叶缠枝莲一周，间有四只姿态各异的鸳鸯；第五道为盘的口沿，饰一周叶瓣纹。通体以鱼子纹为地。盘面下均匀分布五个流云形足，云头卷起，每两足之间有荷叶形铺首衔环，其上悬挂绶带纹缨穗。该铜盘出土地属皇家大内太极宫城东宫遗址，应为唐代皇家礼佛时的御用品。

玛瑙臼

唐

口径 13.5 厘米，边沿厚 0.7 厘米，高 7.5 厘米

1968 年西安市新城区韩森寨出土

西安博物院藏

由深褐色夹乳白缟带纹理的玛瑙雕琢而成。臼体呈长椭圆形，臼内底光滑，外底附一矮圈足。通体虽无雕琢纹样，但选用的玛瑙纹理交错，流光溢彩。臼与杵配合使用，是用于捣药的容器。此类臼和唐代一则“蓝桥捣药”的民间故事有关，宋元话本《蓝桥记》、元庾天锡《裴航遇云英》杂剧、明龙膺《蓝桥记》传奇及杨之炯《蓝桥玉杵记》传奇等均以此故事为题材和蓝本创作。

三彩狩猎奔鹿纹脉枕

唐

长 10.8 厘米，宽 8.6 厘米，高 6 厘米

1984 年西安市灞桥区建材厂出土

西安博物院藏

枕为长方体，体量小巧，系中医诊脉所用。枕面与底面绘褐色梅花，计五列，每列四朵，以白色釉填底，组成锦纹，边沿施绿釉。四侧面为模印狩猎纹，相对的两面各为奔鹿和猎人图案，构成以相邻的两个侧面相接形成前为奔鹿、后为猎人骑马追赶的连续画面，周饰卷草纹。该枕构图新颖，图案生动，是反映大唐盛世文化的典型器物。瓷质脉枕中空透气，散热功能好，对脉象的振动频率感知更灵敏，故古代脉枕多以陶瓷制作。腕下托垫一方脉枕，可使手腕平和，自然伸展，利于寸口三部九候的脉象展现，便于大夫对脉象强弱、快慢、深浅等情况的掌握。

金背瑞兽葡萄镜

唐

直径 19.7 厘米

2002 年西安市灞桥区马家沟村出土

西安博物院藏

八出葵花形，镜背贴金壳，金壳上为浮雕式装饰纹样，中间凸起双兽纽，一周凸棱将壳面纹饰分为内、外两区。内区饰八只神兽与缠枝蔓草，在每个神兽面前都形成一个圆圈。内区的缠枝花草蔓过凸棱进入外区，在八个菱瓣内盛开，每瓣当中有四叶花苞正对菱花形中央，两侧垂以葡萄果实，下有两鸟噙枝啄籽。瑞兽葡萄镜是唐代最具特色的新镜类，是将中国传统的瑞兽纹饰与从西方传入的葡萄纹巧妙地结合在一起，创造出活泼、开放、富于变化和具有神秘色彩的装饰图案。此面金壳镜胎体厚重，金壳质细光亮，制作精致，殊为罕见珍贵。史书上有两则关于唐太宗李世民赏赐臣子高季辅金背镜的记载，“以表其清鉴”。

月宫婵娟镜

唐

直径 14.1 厘米

1969 年西安市莲湖区电容器厂出土

西安博物院藏

月宫镜亦称为嫦娥奔月镜，以镜背为月宫，正中有一桂树，树下有玉兔捣药、蟾蜍跳跃，嫦娥从一侧徐徐飞至。传说嫦娥盗取不死药，奔月而化身为蟾蜍，到了唐代，铜镜纹饰中的嫦娥已成为一位美貌的女子。嫦娥、蟾蜍、玉兔的组合是铜镜上的一个重要题材，纹饰精细，寓意美好。

辟雍砚

唐

内径 3.5 厘米，外径 5.2 厘米，底径 6.5 厘米，高 3.4 厘米

西安博物院旧藏

砚下有多足座，周边有棱，砚面居中，砚堂与墨池相连，砚台中心高高隆起，砚台四周留有深槽储水，以便润笔蘸墨之用，实用功能极强。以其圆形如辟雍，故名辟雍砚。辟雍本为西周天子为教育贵族子弟设立的大学，取四周有水、形如璧环为名。

三足带盖水丞

唐

通高 3.6 厘米；盖长 4 厘米，盖宽 3.4 厘米，盖高 0.6 厘米；口长 4.2 厘米，口宽 3.1 厘米；底长 6.5 厘米，底宽 4.9 厘米

西安博物院旧藏

扁圆形，上有盖，底部有三足支撑。是置于书案上的贮水器，用于贮砚水。

金开元通宝

唐

直径 2.5 厘米，重 6.7 克

1967 年西安市新城区西安通讯电缆厂出土

西安博物院藏

圆形方孔，有内外廓。正面为“开元通宝”楷书四字。背面穿上方有一月牙纹饰，月牙开口向上。“开元通宝”钱始铸于唐高祖武德四年（621），钱文传为当时著名书法家欧阳询所书，历李唐三百年均有铸造。唐代的金银钱并非官方的流通货币，而主要是作帝王赏赐或统治阶级内部祝寿用；或用于宫廷游戏、洗儿等，作为喜庆、占卜、压胜之用，以之祈福辟邪。唐代有一种宫中撒钱的游戏，称作金钱会。《旧唐书》载，玄宗曾宴王公百僚于承天门，令左右于楼下撒金钱，许中书以上五品官及诸司三品以上官争拾之。时人以能够参加皇帝的盛宴赏赐作为一种莫大的荣耀，唐代诗人张祜在《退宫人》一诗中也有提及：“开元皇帝掌中怜，流落人间二十年，长说承天门上宴，百官楼下拾金钱。”在宫廷影响下，民间也出现了打造金银钱作为佩饰的习俗。

鎏金花鸟铜尺

唐

长 32 厘米，宽 2.4 厘米，厚 0.3 厘米

1985 年西安市雁塔区南窑头出土

西安博物院藏

尺面以阴刻双线界格分为六格，其中右侧五格等分，共占尺面长度一半，左侧一格占尺面另一半。六格内均錾刻有各式花鸟纹样。尺是唐代度量衡器，据载，唐朝廷在每年二月二中和节时，会将一种精美的牙尺作为礼物赐予近臣。仲春二月是日夜平分的月份，指中正平和，寓意不偏不倚。皇上赐尺意在告诫文武百官，无论“短长之事”皆有法度，当取统一标准，办事公平公正，为政廉明。唐尺存世量较少，日本正仓院现藏唐尺十余把，精美绝伦。该铜尺保存良好，尺度明确，为研究唐代物质生活与尺度量值提供了较好参考。

鎏金铜龙首银锁链

唐

长 102 厘米，链径 1.9 厘米，最大径 3 厘米

1980 年陕西省咸阳市窑店出土

西安博物院藏

链身以粗银丝编结而成，两端装有龙首形锁。龙首为铜质，表面鎏金，独角长嘴，巨目獠牙，大耳长须，鼻上卷，口含圆形锁扣，龙首与链铆接于一起。

八棱形银锁

唐

高 20.2 厘米

1966 年西安市文物管理委员会征集

西安博物院藏

挂锁。锁钩剑柄形，插入中空的八棱柱状锁体内。锁体表面饰四道宽带纹，每道表面又饰两周阴弦纹。锁钩上悬挂三朵花饰，中间一朵长柄，花朵盛开，中部镂空，背面有三个铆钉。两边每朵花饰呈柿蒂状，穿于铆钉之上。

金合页

唐

长 5.3 厘米，宽 2.1 厘米，重 19 ~ 21 克

1971 年西安市灞桥区红旗乡郭家滩村出土

西安博物院藏

一对。箱笼构件。合页由两片金板形花饰组成，每页上有桃形镂空装饰、两云朵形花纹及五小孔，起装订作用。两页相互间以转轴铆接，构成合页，制作极为精巧。

盛珍珠绿釉陶罐

唐

腹径 9 厘米，高 6 厘米

1975 年西安市南大街外贸大楼出土

西安博物院藏

圆口，鼓腹，腹部下收，有四道瓜棱形纹饰，平底。该罐通身施绿釉，内装乳白色珍珠。珍珠大小不一，部分上有小孔，应为穿成链形作装饰之用。

绿釉带盖小罐

唐

口径 3.5 厘米，腹径 7.5 厘米，底径 4.5 厘米，高 10 厘米

1966 年西安市碑林区新安砖厂出土

西安博物院藏

侈口，肩略丰，鼓腹下收，矮圈足，带一宝珠顶器盖。器表满施绿釉，施釉不甚均匀，呈现出釉彩的层次感。绿釉最早见于汉代，是以铜做着色剂，以铅化物为助熔剂，在氧化氛围中烧成的低温釉。

蓝釉白彩小罐

唐

口径 3 厘米，高 8 厘米

1979 年西安市征集

西安博物院藏

唇口微侈，束颈丰肩，鼓腹下收，矮圈足。器表满施蓝釉，上以白彩点缀。蓝釉是三彩中最为珍贵的釉色，色泽鲜亮明艳，其钴料来源为波斯进口，因其稀少而成为众多色釉之中的点睛之色，有“三彩贵蓝”之说。蓝彩还见于长沙窑生产器物中，另在印度尼西亚海域发现的唐代沉船“黑石号”上曾出土有蓝彩瓷盘。据研究，唐代蓝彩可能是青花瓷的前身。

◎ 车马喧嚣

唐代交通的特点是道路及馆驿发达，据《元和郡县志》载，都城与各州之间均有通道，主要陆路干线有 9 条；《新唐书·地理志》又记有唐代新筑道路若干，主要线路即有 7 条，州郡之间可谓四通八达。长安城三重城内的街道均作正南北或东西向整齐排列，棋盘状的格局将全城结为一张整齐划一的道路交通网，既便于出行，又方便统治管理。朝廷出行的仪仗队伍、狩猎归来的皇室贵族、络绎入城的西域商队、入朝觐见的外国使臣、逾海而至的留学僧侣，络绎不绝，各类出行工具穿梭往来于长安城中，一时间长安大街上熙熙攘攘、车马拥塞。

粉彩举物骑马俑

唐

长 24 厘米，宽 10 厘米，高 30.5 厘米

西安博物院藏

泥质，粉彩。马头向右微偏，竖耳，剪鬃，扎尾，骑马者坐在马鞍上，身着右开襟和尚领红色战袍，头戴红色风帽。圆脸，双目有神，右臂举于脑后，露出小臂，手中似握一物，左臂垂于身侧，长袖随风飘起，脚穿战靴，踩在马镫上。

三彩诞马

唐

长 62.5 厘米，高 59 厘米

2002 年西安市雁塔区延兴门村唐康文通墓出土

西安博物院藏

马鬃毛、马饰等局部刻画简单，这种膘肥体壮但无鞍无缰的放养马匹造型，体现了唐代自由不羁的社会风尚，再现了唐马的鲜活生命力，具有很高的艺术价值。唐宋时称这种不施鞍辔的马匹为“诞马”，主要作为仪仗、卤簿中的备用马。

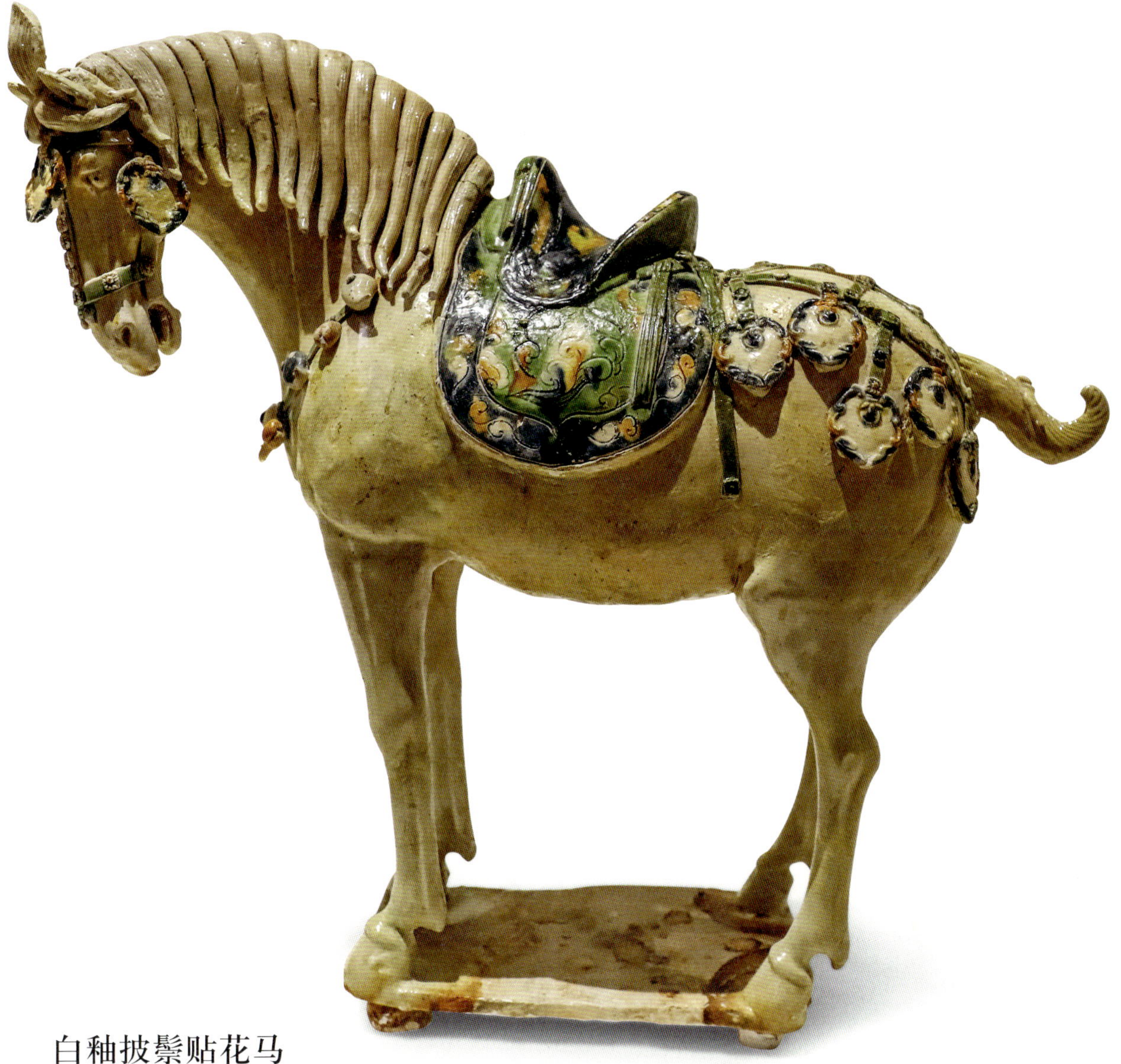

白釉披鬃贴花马

唐

长 45.5 厘米，高 40.6 厘米

西安博物院藏

三彩马头微低，眼视下方，双耳高竖向前，长鬃披在左侧，并于额前分开。络头齐全，鞍鞯俱备。鞍前有攀胸，自胸前系住马鞍，攀胸上装有马坷，坷上缀满小花，鞍后马靴上布满花饰，马尾短且上翘，尾扎结。腿结实有力，曲直有度，四蹄踩于底板上。白胎，质较硬，通体以淡黄色釉为主。

马强健有力，能役善战，又易驯养，在古代军事、农业、交通、礼仪等方面都起着极为重要的作用。特别是唐代，把狩猎看成是人生三大乐事之一。狩猎离不开马，帝王出行、宫廷礼仪、将士远征都需要马。唐朝官府和民间都很重视养马。唐玄宗曾选择西域、大宛献良马和中原骏马，令画师摹绘。他还让太仆卿王毛仲和少卿张景顺在他的厩里主持畜养良马多达四十三万匹。他赴泰山祭祀，布置数万匹牧马跟从，“色别为群，望之如云锦”，“又教舞马百匹，衔杯上寿”，唐人尚马之风可见一斑。

牵马俑

唐

上宽 24 厘米，下宽 20 厘米，高 57 厘米

西安博物院藏

泥质红陶，修复。圆脸，高鼻。身着圆领紧身风衣，腰系包裹，在腰间系一结，脚穿短靴，头两侧各梳一发辫，双臂抬起，双手握拳，十分有力，呈拉马状。

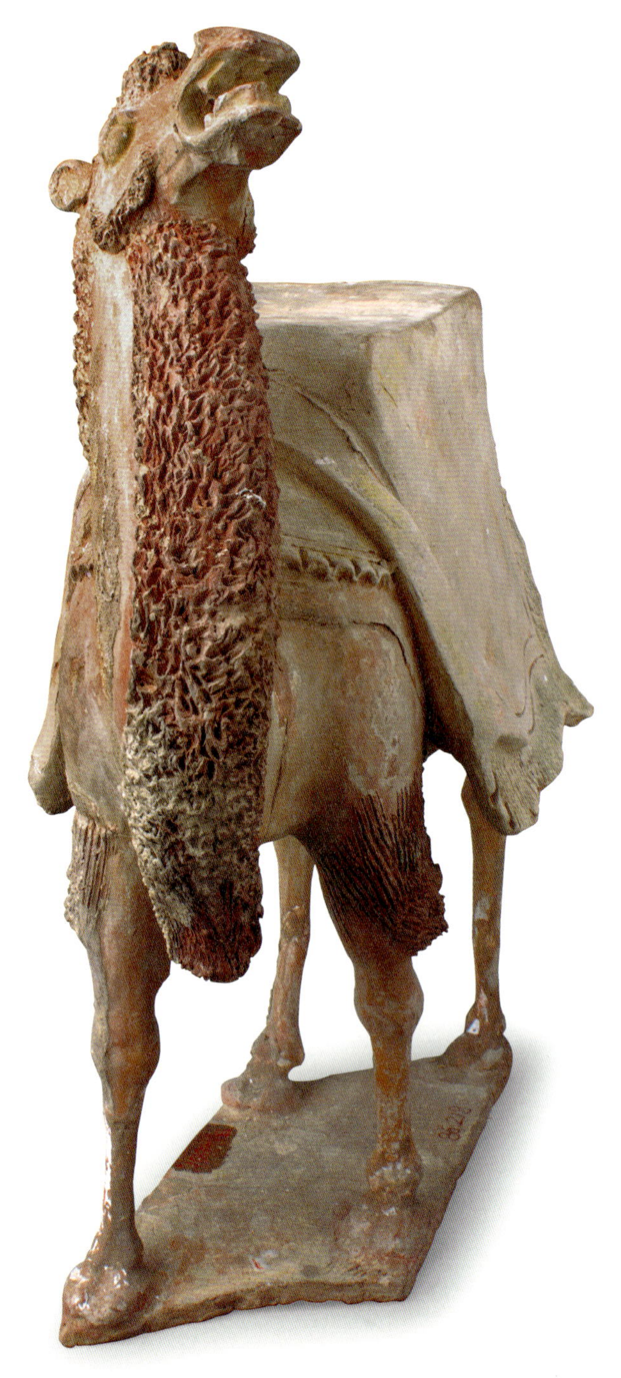

粉彩立式大骆驼

唐

长 48 厘米，宽 23 厘米，高 52.5 厘米

西安博物院藏

泥质红陶。骆驼四腿直立，右腿前、左腿后，呈行走姿势，脖颈扬起，头偏向左，嘴巴张开，露出牙齿，双耳竖起，双眼圆睁，头、颈、腿部有浓密的驼毛，驼峰上有一个方形平顶坐台。通体饰粉彩。

86.218

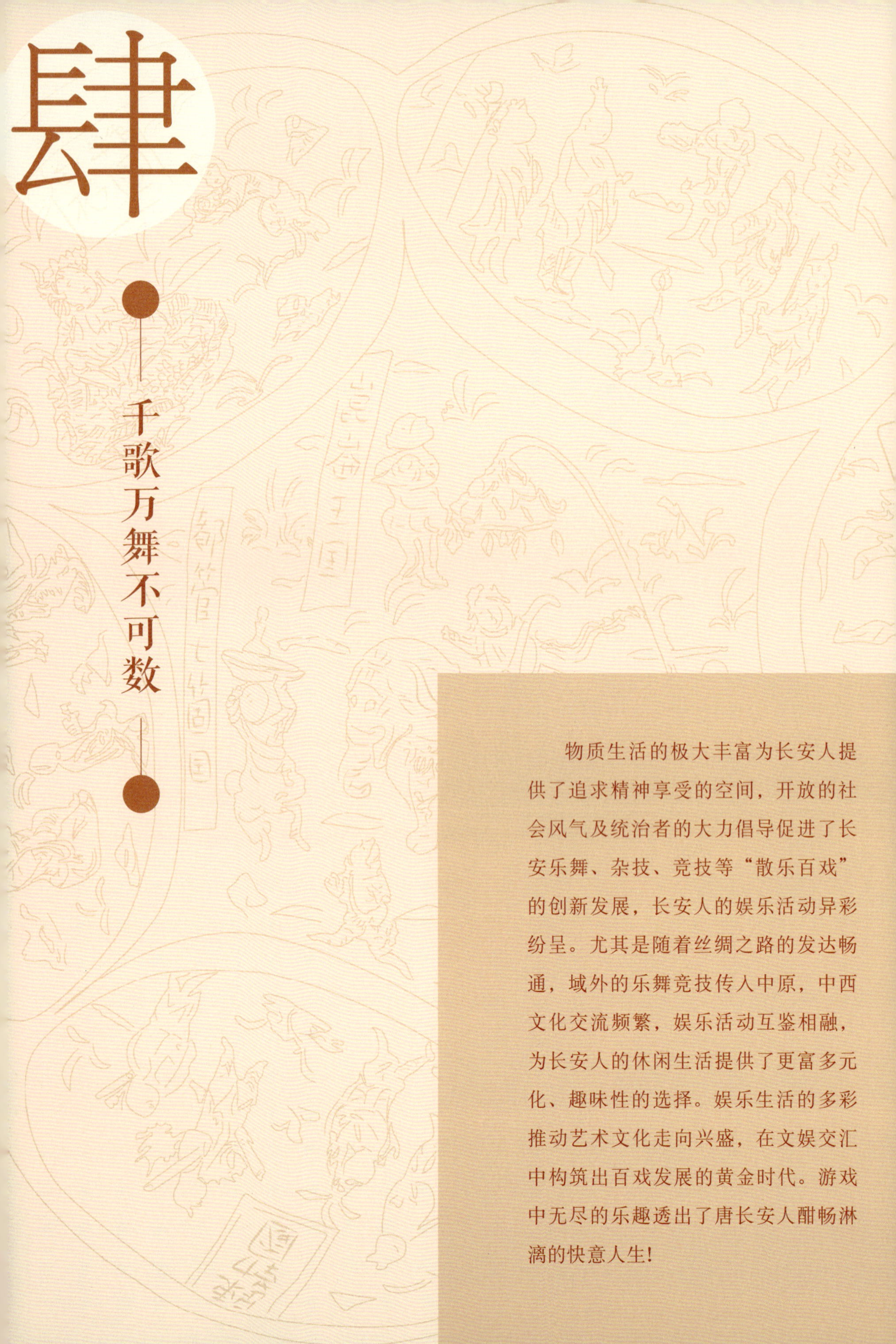

肆

千歌万舞不可数

物质生活的极大丰富为长安人提供了追求精神享受的空间，开放的社会风气及统治者的大力倡导促进了长安乐舞、杂技、竞技等“散乐百戏”的创新发展，长安人的娱乐活动异彩纷呈。尤其是随着丝绸之路的发达畅通，域外的乐舞竞技传入中原，中西文化交流频繁，娱乐活动互鉴相融，为长安人的休闲生活提供了更富多元化、趣味性的选择。娱乐生活的多彩推动艺术文化走向兴盛，在文娱交汇中构筑出百戏发展的黄金时代。游戏中无尽的乐趣透出了唐长安人酣畅淋漓的快意人生！

三彩童子叠置技俑

唐

高 40.8 厘米

2002 年西安市长安区郭杜镇唐墓出土

西安博物院藏

大力士双手伸直作平衡状，头上顶有两组童子，每组三人。最顶上童子穿开裆裤，作高空撒尿状，其余童子动作各异，造型优美。叠罗伎，即今天的“叠罗汉”，俗称“码活”，这是一个在唐代新崛起的杂技项目。此件三彩童子叠置技俑表现生动异常，底部的力士双目圆睁，腹部圆鼓，头顶上六童子动作惊险，给人以强烈的艺术感染，是目前同类题材中比较少见的三彩作品，真实表现了唐代杂技的高超水平。

抱小动物坐式童俑

唐

高 15 厘米

西安博物院旧藏

此俑为一光头男童形象，穿一肚兜盘腿坐于底板上。身体微胖，眯眼微笑，正与怀中所抱小动物嬉戏，憨态可掬，形象地展现出唐代孩童丰富的娱乐生活。

侏儒俑

唐

宽 8.5 厘米，高 16 厘米

西安博物院藏

该俑头大、身长、腿短，体态矮胖。倒八字眉，半睁双眼，鼻子宽扁，大嘴紧闭，面相丑陋。戴幞头，穿袍服，腰系带。缩头耸肩，右手捏提一弯曲如蛇的长条形物，左手臂略弯置，直立于长方形托板上。

在我国古代，贵族们常以侏儒为“倡优”“弄人”，即让他们演习歌舞杂技，以供开心娱乐。《国语》《庄子》《列子》《史记》等古籍中有“侏儒扶卢”的记载。从历史文献来看，大多数侏儒都是为娱乐统治阶级而出现的，并常和俳优并称。

蚌棋子、陶棋盘

唐

棋盘长 30 厘米，宽 29.1 厘米，厚 5.5 厘米；棋子直径 1.1 ~ 1.8 厘米，厚 0.7 厘米

唐长安城太平坊实际寺遗址出土

西北大学博物馆藏

棋盘接近方形，盘面阴刻经纬线各十一道，在棋盘中心部位的经纬线交汇点阴刻一“×”形符号。棋子圆形，两面微鼓，与现在的围棋子形状略不同。为研究中国古代围棋的起源与发展，提供了重要的实物资料。

三彩参军戏俑

唐
高 29.5 厘米
1978 年西安市长安区韦曲砖场出土
西安博物院藏

这组三彩参军戏俑头戴幞头，眉骨隆起，高鼻突目，双唇紧闭，身着交领长袍，足蹬尖头靴。一俑侧首微昂，左手握拳贴于胯部，右手握拳屈肘，两腿呈“稍息”状，似在争论；另一俑两腿直立，上身略前倾，双目平视呈忿忿不平状。俑通体施黄、褐、绿色釉。唐三彩的舞乐俑较多，造型各异，这组参军戏俑保存得十分完好，色泽清亮，属于舞乐俑中的珍品。

参军戏是唐宋时流行的一种表演艺术，游戏时由两人用幽默可笑的语言作讽刺性的表演，一般两个角色，一人扮成参军，另一人从旁戏弄，曰苍鹘。参军后来称作副净，苍鹘后来称作副末。一净一末，这种表演法正如今天相声里的“逗哏”和“捧哏”。

说唱俑

唐

高 7.2 厘米

1972 年西安市长安县大兆乡四府井村出土

西安博物院藏

这对说唱俑头戴幞头，穿圆领长袍，腰系带，足穿靴。脸盘浑圆，大眼小嘴，缩着脖子，头向右倾，鼓腹，右手握拳举起至胸腹部，左手下垂。两俑左右分开，颔首躬腰，动作相呼应，作表演状。

说唱是广泛流行于唐代社会的一种观赏性娱乐活动，其形式多种多样，有说故事、讲史、讲笑话、弹唱、滑稽表演等表现形式。唐代长安寺院里也开始流行讲唱，其主要形式是俗讲，即僧徒们根据佛经教义，用通俗易懂的语言宣讲佛经故事的一种讲唱形式。俗讲有时还改编历史故事和民间传说，再加入佛教“轮回”和因果报应学说。

黄釉男舞俑

唐

高 32 厘米

1975 年西安市长安区贾里村出土

西安博物院藏

头戴幞头，身穿窄袖翻领服，下穿紧身裤，外罩犊鼻裤。头略左倾，右手持一短棒状物，左手高举至头部，双腿略弯，立于一托板上作舞蹈状。周身施黄釉。

胡旋舞纹铊尾

唐

长 10.1 厘米，宽 5.2 厘米，厚 1 厘米

1981 年礼泉县唐昭陵出土

西安博物院藏

铊尾呈圆首矩形，正面浮雕一跳胡旋舞的男子。舞者长发卷曲，高鼻深目，着圆领紧身长袖衣，肩披飘带，腰系长裙，足蹬高筒靴。屈肘扬右手，左手摁于臀侧，双手均藏于袖中，右腿腾起，左腿微屈，舞于圆毯之上。圆毯周饰垂索，其内阴刻“田”字。圆毯正是唐代文献中屡次提到的“舞筵”，又称锦筵，是舞蹈时铺地用的席子或地毯。铊上花纹以砣具碾琢，线条流畅，并采用剔地雕刻，使人物形象具有凹凸起伏的浅浮雕效果。

三彩骑驼奏乐俑

唐

长 40.5 厘米，高 50.1 厘米

2002 年西安市长安区郭杜镇唐墓出土

西安博物院藏

骆驼形体高大，双目圆睁，昂首嘶鸣，尾上卷，四腿立于方形托板上。背上垫有一椭圆形毡，毡四周有打褶花边。双峰间侧坐一胡人，左腿搭在右腿之上。胡人深目高鼻，络腮胡，目视前方，头戴幞头，身着窄袖翻领长袍，腰间系带，右手抬起，左手握拳作持物状，胸前挂一拍鼓。

弹奏胡人俑

唐

宽 12.5 厘米，高 14 厘米

1976 年西安市征集

西安博物院藏

浓眉深目，高鼻，面相俊美。头戴幞头，内穿半臂，外罩圆领袍服，腰系带。双膝着地，席地跪坐，右手作托握之状，原应持乐器柄；左手置于膝部，作弹拨状。从其动作形态看，应是怀抱琵琶之类的乐器作弹奏状。这件作品在刻画人物神态的同时，通过简练流畅的线条、自然潇洒的动作、顾盼生辉的眼神等细部表现，形象地展示了琴师超凡脱俗的气质和完全沉浸于音乐之中的内心世界，可谓神来之作。

绿釉陶埙

唐

宽 5 厘米，高 4.5 厘米

西安市征集

西安博物院藏

圆形，细长眉，圆眼，高鼻宽嘴，表现为胡人形象，面颊有两个圆洞作为吹奏的按孔，孔周围布满凹凸棱线以表现胡人的浓密须发。人物面部施绿釉，背后无釉，头顶有一吹奏圆孔。此种胡人埙在河南巩义及陕西铜川黄堡唐三彩窑址中多有出土，在扬州唐城遗址中也曾有出土，显示了这种唐代胡人埙乐器曾经流行于大江南北。

胡人吹笛纹方銙

唐

长 5.1 厘米，宽 4.7 厘米，厚 0.9 厘米

1990 年西安市未央区头庙小学基建工地出土

西安博物院藏

正面雕一盘坐吹横笛胡人，高鼻深目，长发外卷，着紧身窄袖胡服，足蹬高靴，肩披飘带，双手按笛，作吹奏状。

胡人击拍板纹方銙

唐

长 4.2 厘米，宽 4 厘米，厚 0.7 厘米

1990 年西安市未央区头庙小学基建工地出土

西安博物院藏

正面碾琢一盘坐胡人，高鼻深目，长发外卷，虬髯梳理整齐，上身赤裸，腕戴手镯，下穿长裤，腰系裙，双手执拍板于胸前作表演状。

胡人吹筚篥纹方銙

唐

长 5.1 厘米，宽 4.7 厘米，厚 0.9 厘米

1990 年西安市未央区头庙小学基建工地出土

西安博物院藏

正面碾琢一盘坐胡人，手持筚篥，作吹奏状。长发外卷，虬髯，高鼻深目，着窄袖紧身胡服，足穿高靴，肩披飘带。筚篥又称笳管，即芦苇哨，大者九孔，前七后二，可吹出滑音、颤音、打音、涮音和齿音，为唐代十部乐中的重要乐器。

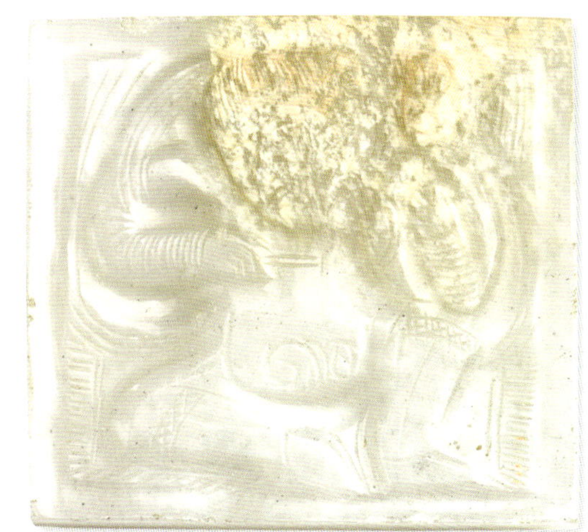

胡人杖鸡娄鼓播鞉牢纹方銙

唐

长 5.1 厘米，宽 4.7 厘米，厚 0.9 厘米

1990 年西安市未央区头庙小学基建工地出土

西安博物院藏

正面碾琢出一踞坐奏乐之胡人，高鼻深目，卷发短须，身着窄衣紧袖胡服，肩披飘带，足蹬高靴，左臂屈肘挟鸡娄鼓于左膝上，左手持鞉牢（长柄小摇鼓），右手持杖欲击鸡娄鼓。

胡人击羯鼓纹方銙

唐

长 5 厘米，宽 4.5 厘米，厚 0.9 厘米

1990 年西安市未央区头庙小学基建工地出土

西安博物院藏

正面碾琢出一坐在方毯上击羯鼓胡人，高鼻深目，卷发虬髯，着紧身窄袖衣，穿长裤，上衣胸前一排组扣清晰可见，肩饰飘带，左右两侧琢扭丝如意云纹。左侧置羯鼓，双手持杖，作击鼓态。左下角残失。唐代胡乐盛行于朝野，尤以羯鼓最为流行，史载唐玄宗好羯鼓，和李龟年（唐朝著名乐工）切磋技艺时称打折了四立柜鼓槌。

胡人饮酒纹方銙

唐

长 5.1 厘米，宽 4.7 厘米，厚 0.9 厘米

1990 年西安市未央区头庙小学基建工地出土

西安博物院藏

正面四边向内倾斜，其内碾琢一盘坐饮酒胡人，高鼻深目，卷发虬髯，着紧身窄袖胡服，赤足，左手搭于膝上，右手持杯于胸前，作饮酒状，神情怡然自得，背面四角均钻有直角形象鼻孔。

崑崙王国
都管七箇国
将来

结　语

“荡荡乎八川分流，相背而异态”，八水环绕、河潭交错的长安城以“万国衣冠拜冕旒”的气势雄踞天下；开放包容、胸襟博大的长安人以“生作长安草，胜为边地花”的自豪乐居其中。

大唐的绝代风华，透过都城长安人的日常生活，绽放出历经千年却依然温润动人的光彩神韵。花团锦簇的衣冠裙钗，种类繁多的珍馐佳肴；酣畅淋漓地纵情豪饮，繁琐讲究地细烹茶煮；严密布局的里坊宅院，阵势浩荡的仪仗出行，三五友人的灞柳惜别；争奇斗妍的杂技艺术，妙趣横生的斗禽游戏，刚健明快的胡旋乐舞，柔婉舒缓的霓裳乐曲……风格各异的多元因素，和谐统一地消融在唐代长安人的十二时辰里，展现出一派生趣盎然、炽热活跃的生活情景。

历史，是金戈铁马扬起的滚滚沙尘，也是坊隅巷陌升起的袅袅炊烟；是四夷宾服奏响的黄钟大吕，也是万家灯火燃亮的红烛微光。

透物见人，以小观大，一卷唐长安物质文化小史，也能读出一个时代的强盛与博大、一个民族的坚韧与自信。

见微知著，酌古准今，一千多年前的长安城里，蕴藏着中华民族历久弥新的文化生命力，兼收并蓄、开拓进取、锐意创新依然是不变的时代精神！

图书在版编目（C I P）数据

长安：考古所见唐代生活与艺术 / 吴中博物馆（吴文化博物馆）编 . -- 上海 : 上海古籍出版社，2022.8

ISBN 978-7-5732-0277-2

Ⅰ . ①长… Ⅱ . ①吴… Ⅲ . ①长安（历史地名）—文化史—研究 Ⅳ . ① K294.11

中国版本图书馆 CIP 数据核字 (2022) 第 090820 号

长安

——考古所见唐代生活与艺术

陈曾路　主编

吴中博物馆（吴文化博物馆）　编

上海古籍出版社出版发行

（上海市闵行区号景路 159 弄 1-5 号 A 座 5F　邮政编码 201101）

（1）网址：www.guji.com.cn

（2）E-mail：guji1@guji.com.cn

（3）易文网网址：www.ewen.co

上海雅昌艺术印刷有限公司印刷

开本 787×1092　1/16　印张 11.75　插页 2

2022 年 8 月第 1 版　2022 年 8 月第 1 次印刷

印数：1-2,800

ISBN 978-7-5732-0277-2

K·3144　定价：108.00 元